Lavinia Jürs

Umweltschutz in der Bauleitplanung

Diplomica® Verlag GmbH

Jürs, Lavinia: Umweltschutz in der Bauleitplanung.
Hamburg, Diplomica Verlag GmbH 2011

ISBN: 978-3-8428-6447-4
Druck: Diplomica® Verlag GmbH, Hamburg, 2011

Bibliografische Information der Deutschen Nationalbibliothek:
Die Deutsche Nationalbibliothek verzeichnet diese Publikation in der Deutschen
Nationalbibliografie; detaillierte bibliografische Daten sind im Internet über
http://dnb.d-nb.de abrufbar.

Die digitale Ausgabe (eBook-Ausgabe) dieses Titels trägt die ISBN 978-3-8428-1447-9
und kann über den Handel oder den Verlag bezogen werden.

Inhaltsverzeichnis

„Der Staat schützt auch in Verantwortung für die künftigen Generationen die natürlichen Lebensgrundlagen und die Tiere im Rahmen der verfassungsmäßigen Ordnung durch die Gesetzgebung und nach Maßgabe von Gesetz und Recht durch die vollziehende Gewalt und die Rechtsprechung."

(Artikel 20a Grundgesetz)

„Die Bauleitpläne sollen eine nachhaltige städtebauliche Entwicklung, die die sozialen, wirtschaftlichen und umweltschützenden Anforderungen auch in Verantwortung gegenüber künftigen Generationen miteinander in Einklang bringt, und eine dem Wohl der Allgemeinheit dienende sozialgerechte Bodennutzung gewährleisten. Sie sollen dazu beitragen, eine menschenwürdige Umwelt zu sichern und die natürlichen Lebensgrundlagen zu schützen und zu entwickeln, auch in Verantwortung für den allgemeinen Klimaschutz, sowie die städtebauliche Gestalt und das Orts- und Landschaftsbild baukulturell zu erhalten und zu entwickeln."

(§ 1 Absatz 5 Baugesetzbuch)

Umweltschutz in der Bauleitplanung

A. Einleitung

Der Aspekt des Umweltschutzes hat im öffentlichen Baurecht seit einigen Jahrzehnten großen Einfluss auf die Bauleitplanung der Gemeinden. In der Literatur spricht man daher auch gerne von einer „Ökologisierung"[1] der Bauleitplanung.

Bereits im Jahr 1976 fand der Umweltschutz einen Platz im Bundesbaugesetzbuch[2]. So formulierte § 1 Abs. 5 Satz 1 BBauGB a.F., dass die Bauleitplanung auch dazu diene, „eine menschwürdige Umwelt zu sichern". Explizit fand der Umweltschutz in der Liste der bei der Aufstellung der Bauleitpläne zu beachtenden Belange seinen Platz, vgl. § 1 Abs. 5 Satz 2 BBauGB a.F. Ferner ist der für den Bebauungsplan relevante Katalog von Festsetzungen in § 9 BBauGB im Hinblick auf den Umweltschutz entscheidend erweitert worden: Zu nennen sind insbesondere die Festsetzungsmöglichkeiten der Ziff. 20 (Landschaftsschutz), Ziff. 23 (Schutz vor Luftverunreinigungen) und 24 (Schutz vor schädlichen Umwelteinwirkungen). Letztere sind bei einer erneuten Novelle des Baugesetzbuches n.F.[3] im Jahr 1986 mit kleineren Änderungen übernommen worden. Zudem hat der Gesetzgeber als Reaktion auf die

---

[1] Koch, Die Verwaltung 2004, 539 (539).
[2] im Folgenden BBauGB.
[3] im Folgenden BauGB.

damals aktuelle Diskussion zur Altlastenproblematik eine Kennzeichnungspflicht bei der Überplanung von Altlasten in § 9 Abs. 5 Ziff. 3 BauGB normiert.

Das Investitions- und Wohnbaulandgesetz vom 22. April 1993 brachte eine weitere wichtige Änderung zugunsten des Umweltschutzes und für das BauGB mit sich: So wurde die sogenannte naturschutzrechtliche Eingriffsregelung der §§ 8a bis c Bundesnaturschutzgesetz[4] a.F. in das BauGB „integriert" und in Teilen für anwendbar erklärt.

Die Novellierung des BauGB im Jahr 1998 führte zu einer endgültigen Etablierung des Umweltschutzes innerhalb des BauGB. Die naturschutzrechtliche Eingriffsregelung war gemäß § 1a BauGB a.F. nunmehr Bestandteil in der planerischen Abwägung und auch das Verhältnis zu den europäischen Schutzgebieten der Vogelschutz- und FFH-Richtlinie ist geklärt worden. Des Weiteren schuf der Gesetzgeber im Sinne des Umweltschutzes entsprechende planerische Festsetzungsmöglichkeiten für die Bauleitplanung, insbesondere durch §§ 1a Abs. 3 a.F., 5 Abs. 2a, 9 Abs. 1a, 135a ff. und 200a BauGB. Ferner fand nun der Grundsatz der Nachhaltigkeit seinen Platz im BauGB und das Begriffspaar der „geordneten städtebaulichen Entwicklung" wurde durch den Begriff der „nachhaltigen städtebaulichen Entwicklung" ersetzt[5].

Mit dem Europarechtsanpassungsgesetz Bau aus dem Jahr 2004 haben zwei weitere zentrale Regelungen einen Platz im BauGB gefunden: Zum einen normierte es eine im Bauleitplanverfahren obligatorische Umweltprüfung – entsprechend den Vorgaben der europäischen UVP-Richtlinie – und zum anderen ist der „allgemeine Klimaschutz" zu einem städtebaulichen Ziel erhoben worden, vgl. § 1 Abs. 5 BauGB. Hinzu kam eine Reihe an spezifischen Festsetzungsmöglichkeiten für Bebauungspläne in den Katalog des § 9 Abs. 1 BauGB, welche explizit dem Umweltschutz dienen sollen. Nicht zuletzt ist der Nachhaltigkeitsbegriff durch diese Novellierung konkretisiert worden[6]. Eine nachhaltige Entwicklung umfasse danach die Aufgabe, die sozialen, wirtschaftlichen und umweltschützenden Anforderungen miteinander in Einklang zu bringen, vgl. § 1 Abs. 5 Satz 1 BauGB.

---

[4] im Folgenden BNatSchG:
[5] vgl. dazu Mitschang, DÖV 2000, 14 (14 f.).
[6] Battis/Krautzberger/Löhr-*Krautzberger*, Baurecht, § 1, Rn. 44.

Eine letzte Novelle des BauGB fand im Jahr 2007 statt, wobei hier die Einführung des § 13a BauGB – Bebauungspläne der Innenentwicklung – zu erwähnen ist. Die Diskussion um eine Novellierung der Baunutzungsverordnung[7] 1990 blieb dagegen ergebnislos[8].

Die vorgenannten Änderungen des BauGB verdeutlichen, dass die Bauleitplanung nicht nur Raum beanspruchen, sondern vor allem dabei die Belange des Umweltschutzes stets im Auge haben soll. Dieser Auftrag richtet sich an die einzelnen Gemeinden, welche für die Bauleitplanung verantwortlich sind. Mit Art. 20a Grundgesetz[9] ist die Intention und das Staatsziel Umweltschutz nicht mehr nur als „ideell" zu betrachten, sondern ausdrücklich im BauGB verankert worden, verdeutlicht durch § 1 Abs. 5 BauGB. Dieser dringende Appell des Gesetzgebers kommt nicht von ungefähr: Vor allem macht der Bundesrepublik Deutschland der enorme Flächenverbrauch zu schaffen, dem u.a. durch eine kluge Bauleitplanung mit entsprechenden Möglichkeiten, geschaffen durch das BauGB, entgegengewirkt werden kann. Doch nicht nur die Bodenversiegelung ist als ein großes Problem zu verstehen. Dazu kommen die Verschmutzung durch Immissionen und weiterer Schadstoffe, der Klimawandel, der Rückgang der Artenvielfalt und weitere umweltrechtliche Problemfelder, auf die später noch einzugehen sein wird.

Da die Bauleitplanung eine der wichtigsten Aufgaben der Kommunen ist, können auch nur diese damit anfangen, den Vorgaben des BauGB gerecht zu werden und „im Kleinen" einen Beitrag zum Umweltschutz zu leisten, getreu dem auf der UN-Konferenz für Umwelt und Entwicklung 1992 in Rio de Janeiro und der dort beschlossenen Agenda 21 entwickelten Prinzip, dass die Politik auf allen Ebenen (lokal, regional, national und global) handeln soll[10].

Dieses Buch soll sich mit dem Aspekt des Umweltschutzes in der Bauleitplanung beschäftigen, insbesondere bezogen auf planerische Gestaltungsmittel innerhalb eines Bebauungsplans und das Gebot der gerechten Abwägung. Das soll nicht heißen, dass dies die einzigen Möglichkeiten des öffentlichen Baurechts sind, dem Aspekt des Umweltschutzes Rechnung zu tragen. Zu nennen ist des Weiteren die übergeordnete Raumordnung sowie die Fachplanung. Des Weiteren haben die Gemeinden bereits mit der Aufstellung eines Flächennutzungsplans als eine Ebene über dem Bebauungsplan viele Festsetzungsmöglichkeiten zur Verfügung, welche richtungsweisend für den Umweltschutz

---

[7] im Folgenden BauNVO.
[8] Koch/Hendler, Baurecht, §11, Rn. 27 m.w.N.
[9] im Folgenden GG.
[10] Programm der Agenda 21 vollständig herunterzuladen unter http://www.bmu.de/nachhaltige_entwicklung/agenda_21/doc/2560.php am 02. November 2010.

sein können. Auch das Verfahren der Bauleitplanaufstellung kann mit seiner obligatorischen Umweltprüfung und dem Umweltbericht gemäß §§ 2 und 2a BauGB entscheidend sein. Zu erwähnen sind ferner die Rechtsschutzmöglichkeiten im Hinblick auf den Angriff eines Bebauungsplans im Wege der abstrakten Normenkontrolle gemäß § 47 Verwaltungsgerichtsordnung nicht nur durch den einzelnen Bürger, sondern auch einzelner anerkannter Umweltverbände mit Hilfe der sogenannten altruistischen Verbandsklage, vgl. § 1 Abs. 1 Ziff. 1 Umweltrechtsbehelfsgesetz. Die Erläuterung all dieser Aspekte würde jedoch den Rahmen des Buches sprengen, weshalb sich die Darstellungen allein auf den Bebauungsplan beziehen und so die Möglichkeiten der Gemeinden im Hinblick auf den Umweltschutz verdeutlichen sollen.

B. Umweltschutz in der Bauleitplanung

Die Gemeinden haben vielfältige Möglichkeiten, den Belangen des Umweltschutzes mit Hilfe der Bauleitplanung Rechnung zu tragen. Auch nach der Rechtsprechung des Bundesverwaltungsgerichts[11] sind die Gemeinden zu einer eigenständigen Umweltvorsorge in ihrem Planungsbereich berechtigt. Die Belange betreffen insbesondere die Bereiche Klima und Energie, Immissions-, Natur-, Gewässer- und Bodenschutz.

Im Folgenden sollen zunächst die Grundlagen der materiellen Bauleitplanung zur ersten Übersicht erläutert werden (I.). Sodann widmet sich die Darstellung den planerischen Gestaltungsmitteln innerhalb eines Bebauungsplans (II.) und schließlich der Planrechtfertigung, insbesondere dem Gebot gerechter Abwägung (III.).

I. Grundlagen

Gemäß § 1 Abs. 1 BauGB ist es Aufgabe der Bauleitplanung, die bauliche und sonstige Nutzung der Grundstücke in der Gemeinde nach Maßgabe des BauGB vorzubereiten und zu leiten. Zu diesem Zweck stellt das BauGB zwei zentrale Instrumente zur Verfügung: Den Flächennutzungsplan und den Bebauungsplan, vgl. § 1 Abs. 2 BauGB. Beide Instrumente stehen in einem Stufenverhältnis zueinander[12]. So wird in der ersten Stufe im Flächennutzungsplan als vorbereitender Bauleitplan die zukünftige Bodennutzung grob geregelt. Er umfasst das gesamte Gemeindegebiet und bindet lediglich die Verwaltung, vgl. §§ 7 und 8 BauGB, nicht aber den einzelnen Bürger[13]. In der zweiten Stufe werden in einem

---

[11] BVerwG, NVwZ 1989, 664 (664).
[12] Stüer, Bebauungsplan, Rn. 78.
[13] Lübbe-Wolf/Wegener, Rn. 8.

für jedermann verbindlichen[14] Bebauungsplan parzellenscharf die Nutzungen festgelegt. Es gilt dabei, dass sich dieser grundsätzlich aus dem Flächennutzungsplan zu entwickeln hat, vgl. § 8 Abs. 2 BauGB.

Wann und ob die Gemeinden Bauleitpläne aufstellen müssen, haben diese grundsätzlich in eigener Verantwortung zu entscheiden. Die darin zum Ausdruck kommende sogenannte Planungshoheit[15] nach Art. 28 Abs. 2 Satz 1 GG wird wiederum durch § 1 Abs. 3 Satz 1 BauGB eingeschränkt: Danach haben die Gemeinden Bauleitpläne aufzustellen, sobald und soweit es für die städtebauliche Entwicklung und Ordnung erforderlich ist. Nach der Rechtsprechung des Bundesverwaltungsgerichts[16] gehe dieses Ermessen so weit, dass es sich einer rechtlichen Kontrolle weitgehend entziehe. Insgesamt jedoch ist an die Erforderlichkeit der Bauleitplanung kein strenger Maßstab anzulegen[17]. Jedenfalls reicht es für die Rechtfertigung einer Planung aus, wenn sie „vernünftigerweise geboten" ist[18].

In § 1 Abs. 3 Satz 2 BauGB wird ferner verdeutlicht, dass weder ein Anspruch auf die Aufstellung eines Bauleitplans besteht, noch ein solcher durch Vertrag begründet werden kann.

Enthält ein Bebauungsplan allein oder gemeinsam mit sonstigen baurechtlichen Vorschriften mindestens Festsetzungen über die Art und das Maß der baulichen Nutzung, die überbaubaren Grundstücksflächen und die örtlichen Verkehrsflächen, vgl. § 30 Abs. 1 BauGB, so handelt es sich um einen qualifizierten Bebauungsplan. Aber auch ein Bebauungsplan, bei dem eine der eben genannten Voraussetzungen fehlen, beansprucht als einfacher Bebauungsplan Gültigkeit, vgl. § 30 Abs. 3 BauGB. Dann allerdings richtet sich die Zulässigkeit von baulichen Vorhaben ergänzend nach den Regelungen des § 34 BauGB über den Innenbereich bzw. § 35 BauGB über den Außenbereich, auf die hier nicht näher eingegangen werden soll.

Für den Bebauungsplan, der im Zentrum der Betrachtung steht, besteht ein umfangreicher Katalog an Festsetzungsmöglichkeiten nach der Vorschrift des § 9 BauGB. Zu beachten ist dabei, dass, anders als bei einem Flächennutzungsplan, die Festsetzungsmöglichkeiten als abschließend anzusehen sind und nicht durch die Gemeinde erweitert werden können[19].

---

[14] Lübbe-Wolf/Wegener, Rn. 9.
[15] Stüer, Bebauungsplan, Rn. 26 ff.
[16] BVerwG, Beschluss vom 14. August 1995, AZ: 4 NB 21.95; vgl. auch Schmidt, NVwZ 2006, 1354 (1357).
[17] Stüer, Bebauungsplan, Rn. 81.
[18] BVerwG, NVwZ 1989, 664 (664).
[19] vgl. nur Stüer, Bebauungsplan, Rn. 112.

Weiter zu beachtende Vorschriften sind die der Planzeichenverordnung[20] und der BauNVO, welche ihre Grundlage in § 9a BauGB haben. Während Erstere dazu dient, die zeichnerischen Festsetzungsmittel festzusetzen, trifft die BauNVO den für die Gemeinde verbindlichen Rahmen für Festsetzungen über Art und Maß der baulichen Nutzung und die Bauweise[21]. Insbesondere trifft sie abschließende Regelungen darüber, welche Bauflächen und Baugebiete dargestellt und festgesetzt werden können und umschreibt den Zweck und Charakter eines jeden Baugebietstypus[22].

Hervorzuheben ist, dass nicht nur die jetzige Fassung der BauNVO aus dem Jahr 1990 Anwendung findet, sondern auch die früheren Fassungen der BauNVO aus den Jahren 1962, 1968 und 1977 zusammen mit den entsprechenden Bebauungsplänen[23]; sie werden grundsätzlich Teil des Bebauungsplans, vgl. § 1 Abs. 2 Satz 2 BauNVO.

II. Planerische Gestaltungsmittel

Die planerischen Gestaltungsmittel für einen Bebauungsplan finden sich im abschließenden Katalog des § 9 Abs. 1 BauGB. Sie ermöglichen eine Reihe von Festsetzungen im Sinne des Umweltschutzes, die im Folgenden näher untersucht werden.

1. Art und Maß der baulichen Nutzung sowie Bauweise nach § 9 Abs. 1 Ziff. 1 und 2 BauGB in Verbindung mit der BauNVO

Wie eben bereits hervorgehoben, sind neben den Regelungen des BauGB jene der BauNVO von den Gemeinden besonders zu beachten. So lassen sich auch mit den „allgemeinen" Festsetzungsmöglichkeiten des § 9 Abs. 1 Ziff. 1 und 2 BauGB in Verbindung mit den Vorschriften der BauNVO Darstellungen zum Umweltschutz treffen.

Für die Festsetzungen über die Art der baulichen Nutzung enthält § 1 Abs. 2 BauNVO einen Katalog von insgesamt zehn Baugebieten, welche näher in §§ 2 bis 11 BauNVO umschrieben werden. Die einzelnen Normen sind dabei nach einem wiederkehrenden Prinzip aufgebaut. In Abs. 1 wird erläutert, welchem Zweck die jeweiligen Baugebiete dienen, in Abs. 2 werden die zulässigen Nutzungen aufgezählt und in Abs. 3 solche Nutzungen, die ausnahmsweise zugelassen werden können. Hieraus soll deutlich werden, dass es den Gemeinden grundsätzlich nicht erlaubt ist, innerhalb eines Bebauungsplans eine Mischung von baulichen

---

[20] kurz: PlanZVO.
[21] dazu sogleich unter Punkt B. II. 1.
[22] Lübbe-Wolf/Wegener, Rn. 30.
[23] vgl. Fickert/Fieseler, BauNVO, § 1, Rn. 7.

Nutzungen vorzunehmen, sogenannter Typenzwang. In der Literatur[24] ist sehr einleuchtend von Leitbildern „vernünftiger Bebauungsplanung" die Rede. Doch treffen die Absätze 5 bis 9 des § 1 BauNVO wiederum Regelungen dahin gehend, dass es der Gemeinde ermöglicht wird, die innerhalb eines bestimmten Baugebietes zulässigen bzw. ausnahmsweise zulässigen Anlagen im Bebauungsplan als nur ausnahmsweise oder gar nicht zulässig bestimmt werden dürfen. Des Weiteren trifft die BauNVO Regelungen über Stellplätze und Garagen, § 12 BauNVO, Gebäude und Räume für freie Berufe, § 13 BauNVO, sowie Nebenanlagen, § 14 BauNVO.

In §§ 16 bis 21a BauNVO werden Regelungen über die Festsetzung des zulässigen Maßes der baulichen Nutzung getroffen. Nach § 16 Abs. 2 BauNVO können im Bebauungsplan die Grundflächenzahl, die Geschossflächenzahl, die Zahl der Vollgeschosse und die Höhe der baulichen Anlagen festgesetzt werden. Dabei gibt die Grundflächenzahl an, wie viel Quadratmeter Grundfläche je Quadratmeter Grundstücksfläche zulässig sind, § 19 Abs. 1 BauNVO. Die Geschossflächenzahl gibt an, wie viel Quadratmeter Geschossfläche eine bauliche Anlage je Quadratmeter Grundstücksfläche haben darf, § 20 Abs. 2 BauNVO. Vollgeschosse sind solche Geschosse, die nach landesrechtlichen Vorschriften Vollgeschosse sind oder auf ihre Zahl angerechnet werden, § 20 Abs. 1 BauNVO. Die Baumassenzahl gibt an, wie viel Kubikmeter Baumasse je Quadratmeter Grundstücksfläche zulässig sind, § 21 Abs. 1 BauNVO. Nach § 17 BauNVO werden wiederum Obergrenzen für die Bestimmung des Maßes der baulichen Nutzung in den jeweiligen Baugebieten der §§ 2 bis 11 BauNVO getroffen.

Von der Bauweise her kann grundsätzlich nach § 22 BauNVO eine offene oder geschlossene festgesetzt werden. Bei offener Bauweise werden die Häuser mit seitlichem Grenzabstand errichtet, wobei sich der einzuhaltende Grenzabstand jeweils aus den Landesbauverordnungen ergibt[25]. Nach § 23 Abs. 1 Satz 1 BauNVO können die überbaubaren Grundstücksflächen durch die Festsetzung von Baulinien, Baugrenzen oder Bebauungstiefen bestimmt werden. Ist eine Baulinie festgesetzt worden, so verpflichtet sie, dass auf dieser Linie zu bauen ist, § 23 Abs. 2 Satz 1 BauNVO. Eine Baugrenze verbietet wiederum die Überschreitung einzelner Gebäude und Gebäudeteile, § 23 Abs. 3 Satz 1 BauNVO. Bei einer festgesetzten Bebauungstiefe darf diese ebenfalls nicht überschritten werden, § 23 Abs. 4 BauNVO. Mit

---

[24] Koch/Hendler, Baurecht, § 14, Rn. 20.
[25] vgl. nur § 6 Hamburgische Bauordnung.

Hilfe einer geschlossenen Figur aus Baulinien kann im Bebauungsplan eine sogenannte Baukörperausweisung festgesetzt werden[26].

Welche Auswirkungen die oben genannten Festsetzungsmöglichkeiten auf die einzelnen Umweltmedien haben können, soll an entsprechender Stelle erläutert werden. An dieser Stelle sei allerdings bereits das Konzept der sogenannten Nutzungsmischung[27] erwähnt. Dieses wird zunehmend für die nach § 1 Abs. 5 Satz 1 BauGB geforderte nachhaltige Stadtentwicklung hervorgehoben. Ziel ist es, eine enge räumliche Vernetzung der verschiedenen städtischen Funktionen zu schaffen, nämlich die Verbindung von Wohnen, Arbeiten und Freizeit. Positive Nebeneffekte sind die Reduzierung von Verkehr und eine längerfristige bessere Flächenausnutzung[28].

Mit dem Mischgebiet nach § 6 BauNVO kann die Gemeinde eine solche Nutzungsmischung durchsetzen. Nach dessen Abs. 1 dienen Mischgebiete dem Wohnen und der Unterbringung von Gewerbebetrieben, die das Wohnen nicht wesentlich stören. Nach der Rechtsprechung[29] ist es dabei geboten, dass es zu einem Ausgleich zwischen beiden Nutzungsarten kommt. Das Gebiet dürfe nicht einseitig von einer der beiden Nutzungen bestimmt werden und „umkippen".

2. Klimaschutz und Energie

Bereits in § 1 Abs. 5 Satz 2 BauGB heißt es, dass die Bauleitpläne dazu beitragen sollen, eine menschenwürdige Umwelt zu sichern und die natürlichen Lebensgrundlagen zu schützen und zu entwickeln, auch in Verantwortung für den „allgemeinen Klimaschutz". Der Aspekt Klima wird sogleich in Abs. 6 Ziff. 7 a) als zu berücksichtigender Abwägungsbelang abermals aufgegriffen. Zu diesen Belangen zählen nach Abs. 6 Ziff. 7 f) ebenso die Nutzung erneuerbarer Energien sowie die sparsame und effiziente Nutzung von Energie. Die beiden Themenfelder Klimaschutz und Energie sind stark miteinander verknüpft, weshalb sie an dieser Stelle gemeinsam behandelt werden sollen.

Das globale Umweltproblem des Klimawandels hängt nämlich vor allem mit der Umwandlung fossiler Energieträger wie Erdöl, Gas sowie Stein- und Braunkohle zusammen und führt zu Emissionen der sogenannten Treibhausgase Kohlendioxid und Distickstoffoxid. Sie entstehen im Verkehr, in den Haushalten, in der chemischen Industrie und in der

---

[26] Koch/Hendler, Baurecht, § 14, Rn. 26.
[27] vgl. dazu Brake/Netzbandt, S. 31 ff.; kritisch: Koch, FS Hoppe, 549 (556).
[28] Brake/Netzbandt, S. 31 ff.
[29] vgl. nur VGH Mannheim, BRS 52, 145 (145).

Landwirtschaft. Vor allem bei letzteren beiden Verursachern kommen noch die Treibhausgase Methan und fluorierte Gase hinzu. Die höchste Mengenbelastung liegt jedoch immer noch in der Verantwortung der Energieerzeugung. Allein in der Bundesrepublik Deutschland beliefen sich die Kohlendioxid-Emissionen in der Energieerzeugung und –umwandlung im Jahr 2000 auf einen Anteil in Höhe von etwa 42,2 Prozent (363,7 Millionen Tonnen). Die klimawirksamen Gase führen dazu, dass langwellige Sonnenstrahlung auf die Erde einwirken kann, die reflektierte Wärmestrahlung von diesen Gasen jedoch absorbiert wird. Folge ist, dass infrarote Wärmestrahlung teilweise wieder auf die Erde einwirkt. Dies hat Auswirkungen auf das globale Klima: allgemeiner Temperaturanstieg, Anstieg des Meeresspiegels, Überschwemmungen, Kälteeinbrüche, Trockenheit und heftige Stürme[30].

Die welt-, europa- und deutschlandweit angestrebten Kohlendioxid-Emissionsreduktionsziele sind eng verknüpft mit einer effizienten Ausnutzung erneuerbarer Energien (zum Beispiel Sonnen-, Wind- und Wasserkraft). Szenarien zeigen, dass im Jahr 2030 der Energiebedarf zwischen 23 und 31 Prozent durch erneuerbare Energien gedeckt werden kann; im Jahr 2050 soll dieser Beitrag auf 35 bis 50 Prozent steigen[31]. Die Gemeinden können hierzu mit einer klugen Bauleitplanung ihren Beitrag zum Klimaschutz leisten und die Ausnutzung erneuerbarer Energien fördern, wie im Folgenden aufgezeigt werden soll.

a) Beitrag der Gemeinden zum allgemeinen Klimaschutz
Während es unstreitig war, dass die Gemeinden mit Hilfe der Bauleitplanung einen Beitrag zum örtlichen Klimaschutz leisten konnten[32], war dies in Bezug auf den allgemeinen Klimaschutz lange Zeit in Rechtsprechung und Literatur umstritten. In der Vergangenheit sind Festsetzungen in Bebauungsplänen zum Schutz des allgemeinen Klimas für nichtig erklärt worden, weil es regelmäßig an einem städtebaulichen Grund oder aber einem bodenrechtlichen Bezug gefehlt habe[33]. Diese Rechtsprechung wusste dabei die überwiegende Meinung in der Literatur auf ihrer Seite[34]. Erst der Bundesgerichtshof[35] entschied hinsichtlich eines Anschluss- und Benutzungszwangs zwischen der Gemeinde und Grundstückskäufern an eine Anlage zur Kraftwärme-Kopplung, dass der allgemeine Klimaschutz eine kommunale Aufgabe sei. Sodann folgte das Bundesverwaltungsgericht[36] in einer Entscheidung zur

---

[30] vgl. http://www.umweltbundesamt.de/klimaschutz/klimaaenderungen/index.htm am 31.Oktober 2010.
[31] vgl. dazu: UBA, Climate Change.
[32] vgl. dazu BVerwG, NVwZ 1999, 878 (878); VGH Mannheim, DVBl. 1996, 685 (685).
[33] OVG Münster, BauR 1998, 981 (983 f.) sowie BauR 2001, 61 (62).
[34] vgl. Koch, Die Verwaltung 2004, 539 (543) m.w.N.
[35] BGHZ 151, 274 (285).
[36] BVerwGE 118, 33 (41).

Planung von Windenergieanlagen. Es hieß dabei wörtlich: „[...] den Gemeinden bleibt es unbenommen, im Rahmen [...] der städtebaulichen Entwicklung und Ordnung mit ihrem planungsrechtlichen Instrumentarium Klimaschutz zu betreiben."

Mit dem Europarechtsanpassungsgesetz Bau aus dem Jahr 2004 folgte der Gesetzgeber der höchstrichterlichen Rechtsprechung und stellte mit § 1 Abs. 5 Satz 2 BauGB klar, dass die Bauleitplanung auch dem Schutz des Weltklimas dienen solle[37]. Dieses Anliegen ist durch die Einführung des § 9 Abs. 1 Ziff. 23 b)[38] und § 11 Abs. 1 Ziff. 4 BauGB verdeutlicht worden[39]. Es gilt allerdings noch immer, dass die Festsetzung zum allgemeinen Klimaschutz nur aus städtebaulichen Gründen erfolgen darf[40].

b) Allgemeine Festsetzungsmöglichkeiten

Als allgemeine Festsetzungsmöglichkeiten kommen zunächst das Art und das Maß der baulichen Nutzung sowie die Bauweise gemäß § 9 Abs. 1 Ziff. 1 und 2 BauGB in Verbindung mit der BauNVO in Betracht. Insbesondere üben geschickte Festsetzungen über die Stellung der Gebäude, über Lage und Ausrichtung der Grundstücke und die Kompaktheit von Gebäuden einen erheblichen Einfluss auf den Heizwärmebedarf aus. Die Stellung der baulichen Anlagen auf bestimmte Weise kann sich aber auch aus Gründen der Beeinflussung des Kleinklimas durch Belüftung und Besonnung anbieten[41]. Bei Neubaugebieten kann so sichergestellt werden, dass die Sonneneinstrahlung bei den vorgesehenen Gebäuden möglichst optimal ist und dass diese nicht durch benachbarte Gebäude verschattet werden. Außerdem ist an eine Begrenzung der Gebäudehöhe zu denken, durch die ebenfalls eine Verschattung von Nachbargebäuden vermeidbar ist[42].

Außerdem kann eine energieeffiziente Bauweise gefördert werden, indem die Gebäude so aufgestellt werden, dass sie sich aufgrund entsprechender Besonnung für die Installation von Solaranlagen eignen[43], ggf. mit der Festsetzung nach Ziff. 23 b)[44]. Ziff. 2 kann ferner der Sicherung von Standorten für Windenergie festgesetzt werden[45].

---

[37] Koch, Die Verwaltung 2004, 539 (544).
[38] siehe sogleich unter B. II. 2. c).
[39] Koch, Die Verwaltung 2004, 539 (544).
[40] Schmidt, NVwZ 2006, 1354 (1355).
[41] Battis/Krautzberger/Löhr-*Löhr*, BauGB, § 9, Rn. 17.
[42] Schmidt, NVwZ 2006, 1354 (1359).
[43] Schmidt, NVwZ 2006, 1354 (1359).
[44] Ernst/Zinkahn/Willy-*Söfker*, BauGB, § 9, Rn. 41.
[45] Ernst/Zinkahn/Willy-*Söfker*, BauGB, § 9, Rn. 41.

Eine optimierte Stellung zur Sonne kann zudem zur Verminderung des Energieeinsatzes führen, etwa durch ausreichende Besonnung der Aufenthaltsräume, sogenannte passive Sonnenenergienutzung. Auch Festsetzungen über die Firstrichtung, Dachneigung und Dachform, Größe und Form der Dachaufbauten, Dachgauben und Dachflächenfenster sind möglich. In der Literatur wird sogar ein ganzes Projekt Sondergebiet „Solar" nach § 11 BauNVO vorgeschlagen, eventuell mit einer Festsetzung nach § 9 Abs. 2 Satz 1 Ziff. 1 BauGB[46]. Danach kann in besonderen Fällen festgesetzt werden, dass bestimmte der in ihm festgesetzten baulichen oder sonstigen Nutzungen und Anlagen nur für einen bestimmten Zeitraum zulässig sind.

Neben den vielfältigen Anwendungsmöglichkeiten nach Ziff. 1 und 2 kommt des Weiteren eine Festsetzung nach § 9 Abs. 1 Ziff. 10 BauGB in Betracht: Danach kann festgesetzt werden, dass bestimmte Flächen von einer Bebauung freizuhalten sind und ihre Nutzung festgelegt wird. Sinnvoll kann hier beispielsweise eine solche Festsetzung für Flächen zur Sicherung der Durchlüftung, sogenannte Kaltluftschneisen, sein[47].

Eine weitere sinnvolle Festsetzungsmöglichkeit ist in Ziff. 18 – Flächen für Landwirtschaft und Wald – zu sehen. Die städtebauliche Erforderlichkeit kann sich beispielsweise ebenfalls aus dessen Funktion für die Klimaverbesserung ergeben[48].

c) Festsetzungsmöglichkeiten für erneuerbare Energien
Die Gemeinde kann explizit Möglichkeiten zum Einsatz erneuerbarer Energien schaffen. Bereits bei der Wahl des Standortes des Baugebietes können Entscheidungen getroffen werden, die sich auf den Energieverbrauch auswirken. So sind Sonneneinstrahlung[49] und Windverhältnisse von entscheidender Bedeutung.

Die Nutzung von Windenergie liefert einen wichtigen Beitrag zum Mix aus erneuerbaren Energien. Neben der Möglichkeit, in Bebauungsplänen Versorgungsflächen gemäß § 9 Abs. 1 Ziff. 12 BauGB für Windkraftanlagen festzusetzen, können solche in den Baugebieten der BauNVO auch als Nebenanlagen im Sinne des § 14 BauNVO festgesetzt werden. Letzteres hat allerdings keine praktische Bedeutung. Interessanter hingegen ist die Festsetzung eines Sondergebietes für sogenannte Windparks oder Windfarmen nach § 9 Abs. 1 Ziff. 1 BauGB in Verbindung mit § 11 Abs. 2 BauNVO. Dies ist nach der Rechtsprechung des

---

[46] von Oppen, ZUR 2010, 295 (300).
[47] BVerwG, NVwZ 1999, 878 (878); Battis/Krautzberger/Löhr-*Löhr*, BauGB, § 9, Rn. 40.
[48] BVerwG, ZfBR 1999, 159 (159 f.); Battis/Krautzberger/Löhr-*Löhr*, BauGB, § 9, Rn. 64.
[49] vgl. obige Ausführungen unter B. II. 2. b).

Bundesverwaltungsgerichts[50] eine räumliche Ansammlung von mindestens drei Windkraftanlagen, wenn sie „einander räumlich so zugeordnet sind, dass sich ihre Einwirkungsbereiche überschneiden oder wenigstens berühren"; sie bedürfen grundsätzlich der Genehmigung nach § 4 Bundesimmissionsschutzgesetz[51].

Dabei ist die Zunahme von Windkraftanlagen nicht nur als positiv anzusehen. In der Vergangenheit hat sich immer wieder gezeigt, mit welchem Konfliktpotential der Bau solcher Anlagen verbunden ist. Solche Konflikte werden jedoch eher auf der Ebene der Landes- und Regionalplanung ausgetragen; zumindest kann durch eine Ausweisung von sogenannten Vorranggebieten eine gewisse Steuerung vorgenommen werden. Im Bebauungsplan selbst werden dann Einzelheiten, wie etwa eine bestimmte Größe, festgelegt.

Weniger konfliktträchtig scheint dagegen die aktive Nutzung von Sonnenenergie. So ist es nach § 9 Abs. 1 Ziff. 23 b) BauGB möglich, Gebiete festzusetzen, in denen bei der Errichtung von Gebäuden bestimmte bauliche Maßnahmen für den Einsatz erneuerbarer Energien wie insbesondere die Solarenergie getroffen werden müssen. Durch eine solche Festsetzung können bei der Neuerrichtung von Gebäuden zum Beispiel Sonnenkollektoren vorgeschrieben werden, ebenso, wenn ein neues Dach im Zuge einer Erweiterungsmaßnahme errichtet wird[52]. Umstritten ist, ob mit dieser Festsetzung nur die baulichen Voraussetzungen für die Nutzung erneuerbarer Energien vorgeschrieben werden können oder auch technische Maßnahmen, wie insbesondere die Errichtung einer Solarstromanlage. Einigkeit besteht darüber, dass die Betriebspflicht der Anlage mangels bodenrechtlichen Bezugs nicht Gegenstand der Bauleitplanung sein kann. In der Literatur wird daher geraten, die Errichtung und den Betrieb von Gebäudeanlagen im Zweifel durch den Abschluss städtebaulicher Verträge abzusichern[53].

Neben der Nutzung der Wind- und Sonnenenergie kann eine sogenannte Biomasseanlage als Nebenanlage nach § 14 Abs. 2 Satz 1 BauNVO zugelassen werden. Sie verwendet als Brennstoff Biomasse, wobei häufig Sägespäne, Sägerestholz, Rinde, Pellets usw. eingesetzt werden[54]. Für größere Vorhaben und Projekte erscheint dann die Festsetzungsmöglichkeit nach § 9 Abs. 1 Ziff. 12 – Versorgungsflächen – sinnvoll[55].

---

[50] BVerwG, Urteil vom 30. Juni 2004, AZ: 4 C 9.03.
[51] im Folgenden: BImSchG.
[52] Brügelmann-*Gierke*, BauGB, § 9 Rn. 433.
[53] von Oppen, ZUR 2010, 295 (298).
[54] vgl. http://de.wikipedia.org/wiki/Biomasseheizwerk am 31. Oktober 2010.
[55] Spannowsky/Hofmeister, Seite 81.

14

3. Immissionsschutz

Dass dem Immissionsschutz ebenfalls eine hohe Bedeutung in der Bauleitplanung zukommt, wird durch § 1 Abs. 6 Ziff. 7 a), e) und h) BauGB hervorgehoben. Dabei soll in den Darstellungen der jeweiligen Festsetzungsmöglichkeiten hinsichtlich Luft- und Lärmimmissionen die Problematik von Immissionen näher erläutert werden.

Während im vorgenannten Punkt „Klimaschutz und Energie" keine unterschiedlichen Regelungsbereiche aufeinandertreffen, ergibt sich im Bereich Immissionsschutz ein anderes Bild. So sind das Baurecht und das Immissionsschutzrecht zwei eigenständige Regelungsbereiche und stehen auf den ersten Blick einander gegenüber bzw. nebeneinander. Jedoch ist das Verhältnis zwischen Baurecht einerseits und Immissionsschutzrecht andererseits durch die Rechtsprechung des Bundesverwaltungsgerichts[56] bereits geklärt worden: danach stehen Immissionsschutz- und Bebauungsrecht in einer Wechselwirkung zueinander. Einerseits konkretisiert das BImSchG die gebotene Rücksichtnahme auf die Nachbarschaft allgemein und folglich auch mit Wirkung für das Bebauungsrecht; andererseits bemisst sich die Schutzwürdigkeit eines Gebietes nach dem, was dort planungsrechtlich zulässig ist.

a) Übertragung des immissionsschutzrechtlichen Schutzniveaus auf das Bauplanungsrecht

Zunächst ist hervorzuheben, dass der planerische Gestaltungsspielraum der Gemeinden nicht durch die zahlreichen technischen Regelungen und Grenzwerte – sei es als Verwaltungsvorschrift oder als privates Regelwerk – eingeschränkt wird. Zu diesen zählen u.a. die Verwaltungsvorschriften TA Lärm und Luft, die VDI-Richtlinie 2058 und die DIN 18005. Letztere sieht jeweils eine den Baugebietstypen der BauNVO entsprechende abgestufte gebietsadäquate Behandlung von Lärmimmissionen vor. In der Praxis wird in Regel dennoch auf die einschlägigen immissionsschutzrechtlichen Regelwerke zurückgegriffen[57], selbst wenn das Bundesverwaltungsgericht[58] ausführt, dass „die Werte der DIN 18005 lediglich eine Orientierungshilfe für die Bauleitplanung sind"; von diesen könne im Rahmen der Abwägung abgewichen werden[59].

Jedenfalls sind die Gemeinden im Rahmen der Bauleitplanung nicht allein auf die Abwehr von schädlichen Umwelteinwirkungen im Sinne des § 3 BImSchG beschränkt. Sie dürfen

---

[56] BVerwGE 74, 315 (317 ff.); vgl. auch Bischopink, BauR 2006, 1070 (1071).

[57] Paetow, NVwZ 2010, 1184 (1187); Schink, NVwZ 2003, 1041 (1041); Mayen, NVwZ 1991, 842 (843); Tegeder, UPR 1995, 210 (210f.); Lübbe-Wolf/Wegener, Rn. 81 ff.; Ziekow, BayVBl. 2000, 325 (326).

[58] BVerwG, UPR 1991, 151 (153).

[59] Tegeder, UPR 1995, 210 (211).

auch – dem in § 5 Abs. 1 Ziff. 2 BauGB formulierten Vorsorgeprinzip entsprechend – vorbeugenden Umweltschutz bzw. Immissionsschutz leisten. Die Rechtsprechung[60] hat des Weiteren ausdrücklich aufgezeigt, dass der gebietsbezogene Zumutbarkeitsmaßstab des Immissionsschutzrechts von der Bauleitplanung stets zu beachten ist und nicht auf dem Weg der Abwägung überwunden werden kann[61].

b) Allgemeine Festsetzungsmöglichkeiten, insbesondere das Trennungsgebot

Der Katalog des § 9 Abs. 1 BauGB hält eine Reihe von allgemeinen Festsetzungsmöglichkeiten bereit, welche nicht spezifisch auf den Immissionsschutz zugeschnitten sind und dennoch die Luft- und Lärmbelästigung durch Immissionen beeinflussen können.

In erster Linie kann das Baugebiet nach der Art der zulässigen Nutzung gemäß § 9 Abs. 1 Ziff. 1 BauGB gegliedert werden[62]. Hierin kommt das aus der Bauleitplanung nicht wegzudenkende sogenannte Trennungsgebot zum Ausdruck, welches zentral in § 50 BImSchG formuliert wird. Nach Satz 1 sind bei raumbedeutsamen Planungen und Maßnahmen die für eine bestimmte Nutzung vorgesehenen Flächen einander so zuzuordnen, dass u.a. schädliche Umwelteinwirkungen auf die ausschließlich oder überwiegend dem Wohnen dienenden Gebiete sowie auf sonstige schutzbedürftige Gebiete soweit wie möglich vermieden werden. Damit ist § 50 BImSchG Ausdruck des immissionsschutzrechtlichen Vorsorgeprinzips[63], das auf die Bauleitplanung übertragen wird. Unverträgliche Nutzungen sind demnach grundsätzlich voneinander zu trennen[64]. Durch die Festsetzung von Baugebieten nach der BauNVO können bestimmte Nutzungen ausgeschlossen bzw. räumlich gegliedert werden. Die Gemeinde kann also durch die Festsetzung bestimmter Gebietstypen aktiv die Ansiedlungspolitik bestimmen. Baugebiete dürfen daher einander nur nach ihrer Schutzwürdigkeit abgestuft zugeordnet, insbesondere etwa Wohngebiete und Industriegebiete grundsätzlich nicht unmittelbar nebeneinander geplant werden[65]. Das Bundesverwaltungsgericht hat bereits in einer Grundsatzentscheidung[66] dargelegt, dass es ein wesentliches Element geordneter städtebaulicher Entwicklung darstellt, dass gewerbliche Nutzungen und Wohnnutzungen wegen ihrer prinzipiellen Konfliktanfälligkeit nicht

---

[60] BVerwG, DVBl. 2002, 1121 (1121); OVG Münster, Beschluss vom 01. September 2005, AZ: 8 A 2810/03.
[61] Mehr dazu unter Punkt B. III. a).
[62] Bischopink, BauR 2006, 1070 (1075f.); vgl. auch die Ausführungen unter B. II. 1.
[63] Jarass, BImSchG, § 50 Rn. 12; Schink, NVwZ 2003, 1041 (1043).
[64] OVG Lüneburg, NVwZ-RR 2002, 172 (173); Bischopink, BauR 2006, 1070 (1072).
[65] BVerwGE 45, 309 (326 ff.); BVerwG, NVwZ 1992, 663 (664).
[66] BVerwGE 45, 309 (326ff.).

unmittelbar nebeneinander liegen sollen. Obwohl sich diese Entscheidung auf das Nebeneinander von Industriegebieten und Wohngebieten bezog, soll dies auch hinsichtlich des Nebeneinanders von Wohngebieten und Gewerbegebieten gelten[67]. Neben der Möglichkeit der Grobsteuerung durch die Gebietstypik ist es weiter möglich, aufgrund § 1 Abs. 5 bis 9 BauNVO eine Feinsteuerung innerhalb eines Gebiets vorzunehmen. Es kommt daher beispielsweise in Betracht, festgesetzte Gewerbegebiete so zu gliedern, dass im Nahbereich der Wohnnutzungen nur solche gewerblichen Nutzungen zulässig sind, die das Wohnen nicht wesentlich stören[68]. Das Trennungsgebot gemäß § 50 BImSchG gilt allerdings nicht ausnahmslos. Denn bei einer sogenannten Gemengelage – also ein solches Gebiet, welches keinem der Gebietstypen der BauNVO zuzuordnen ist – ist dieses bereits durchbrochen und kann nicht mehr uneingeschränkt gelten[69]. Ob das Trennungsprinzip tatsächlich ein Beitrag zu einer durchgreifenden Luftreinhaltepolitik sein kann, bleibt offen. Denn fest steht, dass damit Immissionen nicht vermieden, sondern lediglich räumlich gesteuert werden.

Neben der Gliederung von Gebieten nach der BauNVO können auch Festsetzungen über die Bauweise, die überbaubaren und nicht überbaubaren Grundstücksflächen bzw. die Stellung der baulichen Anlagen nach § 9 Abs. 1 Ziff. 2 BauGB u.a. aus Gründen des Immissionsschutzes, insbesondere des Lärmschutzes, erfolgen. Denkbar sind hierbei geschlossene Baublöcke mit ruhigen Innenhöfen, die Abschirmung von Schallquellen durch umschließende bauliche Anlagen oder geschlossene Bebauung längs von Straßen[70].

Als weitere Festsetzungsmöglichkeiten kommen § 9 Abs. 1 Ziff. 15 (Grünflächen), Ziff. 20 (Schutz, Pflege und Entwicklung von Natur, Boden und Landschaft sowie Ziff. 18 (Waldfläche als Immissionsschutzfläche[71]) BauGB in Betracht[72]. Ferner kann die Festsetzung nach § 9 Abs. 1 Ziff. 11 BauGB (Verkehrsflächen) einen Beitrag zum Immissionsschutz insbesondere dadurch leisten, dass der Verkehr beruhigt und eine Wohn- und Spielstraße bestimmt werden kann[73].

---

[67] BVerwG, BauR 1992, 344 (345); OVG Bremen, UPR 1990, 112 (113); Bischopink, BauR 2006, 1070 (1072).
[68] OVG Münster, DVBl. 1997, 440 (nur Leitsätze).
[69] BVerwG, BauR 1992, 344 (345 f.); Ziekow, BayVBl. 2000, 325 (326); Lübbe-Wolf/Wegener, Rn. 88.
[70] vgl. nur Lärmaktionsplanung Kaiserslautern, Seite 34, abrufbar als pdf-Dokument unter:
http://web2.kaiserslautern.de/leben_in_kl/umwelt/laerm/eu_umgebungslaerm/02254/02256/index.html?lang=de.
[71] Ernst/Zinkahn/Willy-*Söfker*, BauGB, § 9, Rn. 149.
[72] Koch-*Herrmann*, Umweltrecht, § 13, Rn. 73.
[73] Brügelmann-*Gierke*, BauGB, § 9, Rn. 221; Battis/Krautzberger/Löhr-*Löhr*, BauGB, § 9, Rn. 41; Koch-*Koch*, Umweltrecht, § 4, Rn. 4 ff.

c) Spezielle Festsetzungsmöglichkeiten gegen Luftimmissionen

Die Belastung durch Schadstoffe in der Luft ist sehr ernst zu nehmen. In einer Studie des Umweltbundesamtes[74] ist die Luftqualität des Jahres 2009 beurteilt worden. Danach seien an 55 Prozent der städtischen verkehrsnahen Luftmessstationen die Jahresmittelwerte der Stickstoffdioxidkonzentrationen über dem seit dem 01. Januar 2010 einzuhaltenden Grenzwert in Höhe von 40 Mikrogramm/Kubikmeter Luft überschritten worden. Eine Abkehr des Trends sei nicht absehbar: Insgesamt war die Feinstaubbelastung im Jahr 2009 etwas höher als 2008, dem Jahr, mit der seit 2000 geringsten Luftbelastung durch Feinstaub. Zwar sind insgesamt die Emissionsfrachten im Bereich der Industrie deutlich zurückgegangen, jedoch wird dies durch den motorisierten Verkehr auf negative Weise kompensiert[75]. Beeinträchtigungen der Gesundheit sind die Folge: es können Allergien entstehen, und die durch den Verkehr verursachten Russpartikel sowie das Benzol können an der Entstehung von Krebs mitwirken. Ferner hat die Belastung der Luft mit Schadstoffen zu zahlreichen Waldschäden (sogenanntes Waldsterben) geführt[76].

Die Luftreinhaltepolitik wird hauptsächlich durch europarechtliche Vorgaben bestimmt, wie am Erlass der Luftqualitätsrahmenrichtlinie für Maßnahmen zur Messung und Verbesserung der Luftqualität aus dem Jahr 1996 und ihrer Tochterrichtlinien über Grenzwerte für Schwefeldioxid sowie Partikel und Blei in der Luft – im deutschen Recht in der 22. BImSchV (Verordnung über Immissionswerte für Schadstoffe in der Luft) umgesetzt – erkennbar ist. Daraus ergeben sich auch mittelbar Anforderungen an die Bauleitplanung der Gemeinden: Sie haben notwendige Festsetzungen zu treffen, damit die entsprechenden Grenzwerte eingehalten werden.

Eine zentrale Festsetzungsmöglichkeit speziell gegen störende Luftimmissionen hält § 9 Abs. 1 Ziff. 23a) BauGB bereit. Danach können Gebiete festgesetzt werden, in denen zum Schutz vor schädlichen Umwelteinwirkungen im Sinne des BImSchG bestimmte luftverunreinigende Stoffe nicht oder nur eingeschränkt verwendet werden dürfen. Hierin werden das sogenannte Verwendungsverbot und die sogenannte Verwendungsbeschränkung geregelt[77]. Nach § 3 Abs. 1 BImSchG sind schädliche Umwelteinwirkungen wiederum Immissionen, die nach Art, Ausmaß und Dauer geeignet sind, Gefahren, erhebliche Nachteile oder erhebliche Belästigungen für die Allgemeinheit oder die Nachbarschaft herbeizuführen. Das oben

---

[74] Im Folgenden UBA.

[75] zu allem: http://www.umweltbundesamt.de/uba-info-presse/2010/pd10-002_wie_sauber_ist_die_luft_in_deutschland.htm am 31. Oktober 2010.

[76] Koch-*Koch*, Umweltrecht, § 4, Rn. 1 ff.

[77] Brügelmann-*Gierke*, BauGB, § 9, Rn. 415.

erwähnte Zusammenspiel von Bauplanungsrecht und Immissionsschutzrecht wird somit gesetzlich noch einmal verdeutlicht. Entsprechend ist es möglich, dass die Gemeinde nicht erst unzumutbare Verhältnisse abwarten muss, sprich die Überschreitung von bestehenden Grenzwerten, sondern bereits im Vorhinein eine solche Festsetzung treffen darf, so das Bundesverwaltungsgericht[78].

Ein typischer Anwendungsfall für § 9 Abs. 1 Ziff. 23a) BauGB ist der Ausschluss bestimmter Brennstoffe, wie zum Beispiel Kohle und Öl[79]. Dabei kann die Verwendungsbeschränkung oder das Verwendungsverbot in zeitlicher, mengenmäßiger oder qualitativer Hinsicht festgesetzt werden, muss aber stets hinreichend bestimmt sein[80].

Festsetzen kann man damit allerdings nicht das Gebot, bestimmte Heizstoffe zu verwenden oder bestimmte technische Maßnahmen zu ergreifen. So ist in der Rechtsprechung[81] entschieden worden, dass das Gebot eine bestimmte Feuerungsanlage zu installieren, nicht auf § 9 Abs. 1 Ziff. 23a) BauGB gestützt werden darf. Wenn die Gemeinde eine bestimmte Form der Heizung vorschreiben will, so geht dies nur über den sogenannten Anschluss- und Benutzungszwang[82]. Danach können Gemeinden den Anschluss an beispielsweise Fernwärme oder ähnliche der Gesundheit und dem Schutz der natürlichen Lebensgrundlagen dienenden öffentlichen Einrichtungen vorschreiben. Dies geschieht in Form einer Satzung, für die eine spezifische Ermächtigung in den jeweiligen Gemeindeordnungen der Bundesländer enthalten sein muss. Des Weiteren muss es den Gemeinden gestattet sein, einen Beitrag zum überörtlichen Umweltschutz zu leisten[83]. Beispiel für eine Ermächtigung zu einem Anschluss- und Benutzungszwang ist § 17 Abs. 2 Satz 1 Gemeindeordnung für Schleswig-Holstein. Danach kann eine Gemeinde bei dringendem öffentlichen Bedürfnis durch Satzung für die Grundstücke ihres Gebiets den Anschluss an die Wasserversorgung, die Abwasserbeseitigung, die Abfallentsorgung, die Versorgung mit Fernwärme, die Straßenreinigung und ähnliche der Gesundheit und dem Schutz der natürlichen Grundlagen des Lebens dienende öffentliche Einrichtungen (Anschlusszwang) und die Benutzung dieser Einrichtungen und der Schlachthöfe (Benutzungszwang) vorschreiben.

---

[78] vgl. nur BVerwG, NVwZ 1989, 664 (664); BVerwG, ZfBR 1989, 981 (983 f.); aber auch in der Lit.: Battis/Krautzberger/Löhr-*Löhr*, BauGB, § 9, Rn. 82.
[79] vgl. dazu Battis/Krautzberger/Löhr-*Löhr*, BauGB, § 9, Rn. 83.
[80] Brügelmann-*Gierke*, BauGB, § 9, Rn. 423.
[81] BVerwG, NVwZ 1989, 664 (664); VGH Mannheim, DVBl. 1994, 1153 (1153 f.); OVG Münster, NVwZ-RR 1999, 110 (110 ff.).
[82] Ernst/Zinkahn/Willy-*Söfker*, BauGB, § 9, Rn. 187.
[83] Koch-*Ewer*, Umweltrecht, § 9, Rn. 73 ff.

Ein Ausschluss bestimmter Heizstoffe zugunsten anderer, beispielsweise Erdgas, ist dagegen nach überwiegender Auffassung[84] problemlos aufgrund städtebaulicher Gründe möglich.

Festsetzungen nach § 9 Abs. 1 Ziff. 23a) BauGB werden üblicherweise bei Neubaugebieten zur Anwendung kommen; eine Anpassungspflicht an den Bebauungsplan für bereits bestehende bauliche Nutzungen besteht nicht[85]. Möchte die Gemeinde dies dennoch erreichen, so steht ihr das Mittel des Baugebotes nach § 176 BauGB zu. Danach kann die Gemeinde gemäß Abs. 1 im Geltungsbereich eines Bebauungsplans den Eigentümer auf seine Kosten durch Bescheid (grundsätzlich) dazu verpflichten, innerhalb einer bestimmten Frist ein vorhandenes Gebäude oder eine vorhandene sonstige bauliche Anlage den Festsetzungen eines Bebauungsplans anzupassen.

Neben der Festsetzungsmöglichkeit nach Ziff. 23a) können weitere bauliche oder technische Vorkehrungen zum Schutz schädlicher Luftimmissionen nach § 9 Abs. 1 Ziff. 24, 4. Alt. BauGB in einem Bebauungsplan dargestellt werden. Hier kann es sich um technische Maßnahmen an emittierenden Anlagen handeln, beispielsweise der Einbau von Filtern[86].

d) Spezielle Festsetzungsmöglichkeiten gegen Lärmimmissionen

Neben schädlichen Luftimmissionen spielen auch Überlegungen zur Lärmbekämpfung, insbesondere in Wohngebieten, bei der Aufstellung von Bauleitplänen eine große Rolle. Nach laufenden Umfragen des Umweltbundesamtes fühlt sich in der Bundesrepublik Deutschland mehr als jeder Vierte durch Lärm gestört und zwei Drittel zumindest belästigt. Dabei werden Lärmimmissionen dann als störender empfunden, je weniger er als ortsüblich wahrgenommen wird, "je häufiger und je intensiver er ist, je höher seine Frequenzen sind, je leichter er vermeidbar wäre, je größer sein Informationsgehalt und je gespannter die Beziehung des Gestörten zur Lärmquelle ist". Folgen solcher Lärmbelästigungen sind nicht nur Stress, sondern möglicherweise auch gesundheitliche Störungen, wie zum Beispiel Nervosität, Konzentrationsmängel bis hin zu Kopfschmerzen, Schlafstörungen und Herz-Kreislauferkrankungen[87]. Bereits im Jahr 1992 hat die Europäische Union in ihrem 5. Umweltaktionsprogramm den Lärmschutz zu einem ihrer Ziele erklärt. Im Jahr 2002 haben die Europäischen Gemeinschaften die sogenannte Umgebungslärmrichtlinie erlassen, welche

---

[84] OVG Lüneburg, NVwZ-RR 2003, 174 (174 ff.); OVG Münster, BauR 1998, 981 (983 f.).
[85] BVerwG, NVwZ 1989, 664 (665).
[86] Battis/Krautzberger/Löhr-*Löhr*, BauGB, § 9, Rn. 89.
[87] zu allem: Engel, NVwZ 2010, 1191 (1191) sowie http://www.umweltbundesamt-daten-zur-umwelt.de/umweltdaten/public/theme.do?nodeldent=2451 am 31. Oktober 2010.

auf eine summative und damit ganzheitliche Betrachtungsweise abstellt[88] und zum Ziel die umfassende Lärmbekämpfung hat[89]. Zur Verwirklichung dieses Ziels sind die Erstellung von Lärmkarten und darauf aufbauende Aktionspläne vorgesehen, welche konkrete Maßnahmen zur Lärmbekämpfung enthalten sollen, vgl. §§ 46 ff. BImSchG. Zur Festsetzung von Maßnahmen innerhalb eines Bebauungsplans sind die Gemeinden jedoch allein u.a. auf den Katalog des § 9 Abs. 1 BauGB beschränkt[90].

Zentrale Festsetzungsmöglichkeit zum Schutz vor Lärm ist § 9 Abs. 1 Ziff. 24 BauGB. Danach können festgesetzt werden: „ […] die von der Bebauung freizuhaltenden Schutzflächen und ihre Nutzung, die Flächen für besondere Anlagen und Vorkehrungen zum Schutz vor schädlichen Umwelteinwirkungen und sonstigen Gefahren im Sinne des BImSchG sowie die zum Schutz vor solchen Einwirkungen oder zur Vermeidung oder Minderung solcher Einwirkungen zu treffenden baulichen und sonstigen technischen Vorkehrungen". Damit umfasst Ziff. 24 vier verschiedene Festsetzungsmöglichkeiten:

Für Flächen zum Schutz und deren Nutzung nach der Alternative 1 kommen insbesondere Abstandsflächen[91] in Betracht. Flächen für besondere Anlagen und Vorkehrungen nach den Alternativen 2 und 3 können insbesondere festgesetzt werden für Lärmschutzwälle und andere Abschirmungen sowie Vorkehrungen des baulichen Lärmschutzes wie zum Beispiel die Verwendung bestimmter Baustoffe oder Bauteile (erhöhte Schalldämmung für Wände und Decken, Schallschutzfenster) oder lärmmindernde Anpflanzungen[92]. Mit der vierten Alternative wird ein aktiver und passiver Schallschutz ermöglicht. So können nach dieser Festsetzungsmöglichkeit als passiver Schallschutz Doppelfenster sowie lärmisolierende Außenwände angeordnet werden[93]. Eine aktive Schallschutzmaßnahme kann es sein, dass die Baukörper in einer bestimmten Stellung festgesetzt werden und so eine abschirmende Funktion erfüllen[94].

In der Vergangenheit haben es einige Gemeinden versucht, Wohngebiete, die an ein Gewerbegebiet grenzen, durch sogenannte Zaunwerte als eine Art virtuelle Lärmschutzwand[95] zu schützen und stützten dies auf die Festsetzungsmöglichkeit der Ziff. 24. Das

---

[88] vgl. BVerwGE 101, 1 (3 ff.).
[89] Engel, NVwZ 2010, 1191 (1191).
[90] Engel, NVwZ 2010, 1191 (1197).
[91] Battis/Krautzberger/Löhr-*Löhr*, BauGB, § 9, Rn. 87.
[92] BVerwGE 80, 184 (184 ff.); DVBl. 1995, 1010 (1010 f.); OVG Münster, NVwZ 1994, 1016 (1016 f.); Battis/Krautzberger/Löhr-*Löhr*, BauGB, § 9, Rn. 88.
[93] Battis/Krautzberger/Löhr-*Löhr*, BauGB, § 9, Rn. 89.
[94] Bischopink, BauR 2006, 1070 (1076).
[95] Koch, Die Verwaltung 2004, 539 (545).

Bundesverwaltungsgericht[96] und auch die Literatur[97] sahen dies stets als unzulässig an, da nach der Ziff. 24 nur bauliche und sonstige technische Maßnahmen gegen schädliche Umwelteinwirkungen möglich sein sollen. Außerdem seien sie zu unbestimmt und nicht durchsetzbar, da die Immissionen die Summe mehrerer, im Einzelnen nicht bestimmter Quellen darstellen[98]. Gleiches gelte, so das Bundesverwaltungsgericht[99], für die Festsetzungen eines sogenannten maximalen Innengeräuschpegels.

Daraufhin begann man, sogenannte flächenbezogene Schallleistungspegel und sogenannte immissionswirksame Schallleistungspegel zu entwickeln und festzusetzen. Auf diese Weise kann beispielsweise ein Gewerbegebiet so gegliedert werden, dass jedem Grundstück ein Emissionsgrenzwert in solcher Höhe zugewiesen wird, dass die Summe der Emissionen in einem benachbarten Wohngebiet einen bestimmten Immissionsgrenzwert an bestimmten Einwirkungsorten nicht überschreitet[100]. Diese Art der Lärmimmissionsbekämpfung in einem Bebauungsplan hat das Bundesverwaltungsgericht für zulässig erachtet[101].

4. Der Schutz von Natur und Landschaft

Der Schutz von Natur und Landschaft im Zuge der Bauleitplanung ist nicht nur auf vielfache Weise möglich, sondern ausdrücklich geboten. Diese Intention schlägt sich an mehreren Stellen des Baugesetzbuches nieder. Zusammenfassend seien zunächst u.a. die Vorschriften der §§ 1a Abs. 3 und 4, 5 Abs. 2a, 9 Abs. 1 Ziff. 20 und Abs. 1a, 135a – c und 200a BauGB genannt. Diese verdeutlichen, dass dem Schutz von Natur und Landschaft angemessen und integrierend Rechnung zu tragen ist, um das Spannungsverhältnis[102] zur Bauleitplanung zu entschärfen.

Zentrale Schutzgüter von Natur und Landschaft sind vor allem das Landschaftsbild und die Artenvielfalt, vgl. § 1 BNatSchG. Letztere nimmt weltweit in den letzten Jahrzehnten rapide ab. Natürliche und naturnahe Lebensräume verarmen zunehmend. Die Ursachen hierfür sind vielfältig (zum Beispiel Jagd, Wilderei, Tourismus), das Hauptproblem stellt jedoch der Verlust der Lebensräume dar, welcher auf den zunehmenden Flächenverbrauch

---

[96] BVerwG, DVBl. 1993, 1098 (1098); BVerwG, UPR 1994, 26 (26 f.).

[97] vgl. auch Tegeder, UPR 1995, 210 (212) m.w.N.

[98] BVerwG, DVBl. 1993, 1098 (1098); BVerwG, NVwZ 1994, 1009 (1010).

[99] BVerwG, BBauBl. 1994, 492 (492).

[100] Tegeder, UPR 1995, 210 (212 f.); Kraft, DVBl. 1998, 1048 (1053 ff.).

[101] BVerwG, NVwZ 1991, 881 (882); BVerwG, UPR 1997, 331 (331); BVerwG, NVwZ 1998, 1067 (1067).

[102] Koch/Hendler, Baurecht, § 14 Rn. 46; Battis, Baurecht, S. 67.

zurückzuführen ist[103]. Ein weiteres großes Problem ist die Zerschneidung der Lebensräume durch den Bau von Verkehrswegen. Aber auch flächenhafte Schadstoffeinträge vor allem durch die Landwirtschaft führen zu nährstoffreichen Böden, die für ein Verschwinden von nährstoffarmen Lebensräumen wie Heiden und Moore sorgen. Daneben ist das Einschleppen gebietsfremder Tier- und Pflanzen als Begleiterscheinung der Globalisierung als problematisch anzusehen: Es fehlen natürliche Feinde und sie verdrängen häufig einheimische Arten. Nicht nur der Lebensraum Wald ist einer großen Bedrohung ausgesetzt, auch die Wassersysteme (Flüsse, Seen, Feuchtgebiete, Küstenökosysteme) sind extrem gefährdet. Daneben entstehen zum Nachteil des Landschaftsbildes jede Menge Konflikte, die ihre Ursache im Bau von beispielsweise Hochspannungsleitungen und Windenergieanlagen finden und so das ästhetische Empfinden an der Schönheit der Natur, welches ebenfalls als schutzwürdig anzusehen ist, stören kann[104].

Den Schutz von Natur und Landschaft hat der Gesetzgeber mit dem Erlass des BNatSchG im Jahr 1976 in den Mittelpunkt gestellt und damit vor allem die sogenannte Eingriffsregelung geschaffen (heute §§ 13 ff. BNatSchG); der Naturschutz sollte nicht länger auf Reservate und grüne Oasen beschränkt sein. Doch erst sehr viel später – im Zuge des Investitionserleichterungs- und Baulandgesetzes aus dem Jahr 1993 – sollte die Eingriffsregelung auch in der Bauleitplanung Anwendung finden, sogenannter Baurechtskompromiss[105]. Mit der Novellierung des BauGB im Jahr 1998 ist die Eingriffsregelung sogar im BauGB verankert worden: einmal als Element in der Abwägung und des Weiteren in einer Reihe von Festsetzungsmöglichkeiten im Katalog des § 9 BauGB. Neben diesen Vorgaben haben die Gemeinden auch europäische Vorgaben der Vogelschutzrichtlinie und der Flora-Fauna-Habitat-Richtlinie zu beachten[106].

Im Folgenden sollen zunächst das Verhältnis vom Naturschutzrecht zum Baurecht (a) sowie eine Reihe von Festsetzungsmöglichkeiten im Bebauungsplan zum Schutz von Natur und Landschaft (b und c) näher erläutert werden.

a) Das Verhältnis des BauGB zum BNatSchG und zur Eingriffsregelung

Das Verhältnis vom Naturschutzrecht zum Baurecht wird in § 18 BNatSchG geregelt. Danach sind entweder die Vorschriften des BauGB einschlägig, was u.a. bei Vorhaben im

---

[103] siehe Ausführungen unter B. II. 5.
[104] zu allem: Koch-*Maaß/Schütte*, Umweltrecht, § 7, Rn. 1 ff.
[105] Koch, Die Verwaltung 1998, 505 (516); Stüer, Bebauungsplan, Rn. 693 m.w.N.
[106] vgl. dazu Ausführungen unter B. III. 2. b) bb).

Geltungsbereich eines Bebauungsplans nach § 30 BauGB, während der Planaufstellung nach § 33 BauGB sowie bei Vorhaben im Innenbereich nach § 34 BauGB der Fall ist, vgl. § 18 Abs. 1 und 2 Satz 1 BNatSchG. Oder aber es sind die Vorschriften der Eingriffsregelung nach §§ 14 bis 17 BNatSchG einschlägig, wozu Vorhaben im Außenbereich nach § 35 BauGB und planfeststellungsersetzende Bebauungspläne zählen, vgl. § 18 Abs. 2 Satz 2 BNatSchG.

Nach dem BNatSchG wird erst im Zuge der durchzuführenden Maßnahme der Eingriff auf seine Zulässigkeit überprüft. Dagegen wird diese Prüfung in der Bauleitplanung bereits bei der Aufstellung des Bauleitplans vorgelagert. Dabei ist der Bebauungsplan selbst nicht als Eingriff in Natur und Landschaft anzusehen, bereitet allerdings naturgemäß einen solchen rechtsverbindlich vor. Entscheidender Unterschied zwischen der naturschutzrechtlichen Eingriffsregelung zur baurechtlichen Eingriffsregelung ist die Tatsache, dass letztere dem Abwägungsvorbehalt des § 1a Abs. 3 Satz 1 BauGB unterliegt[107]. Ist ein Eingriff in Natur und Landschaft zu erwarten, so haben die Gemeinden entsprechend dem Prüfungsschema der Eingriffsregelung nach §§ 13 ff. BNatSchG in vier Stufen[108] vorzugehen: Zunächst ist zu prüfen, ob der Eingriff, soweit er vorliegt[109], vermieden oder minimiert werden kann (Vermeidungs- und Minimierungsgebot auf 1. Stufe), ob eine Ausgleichs- oder Ersatzmaßnahme erforderlich ist (Ausgleichspflicht auf 2. Stufe) oder ob das Vorhaben bei nicht ausgleichbaren Eingriffen an umweltschützenden Belangen scheitert (Abwägungsgebot auf 3. Stufe). Fällt auf der dritten Stufe die Abwägung zugunsten des eingreifenden Vorhabens aus, kann der Verursacher auf 4. Ebene zu Ersatzzahlungen nach Maßgabe landesrechtlicher Vorschriften verpflichtet werden.

b) Allgemeine Festsetzungsmöglichkeiten

Um dem Schutz von Natur und Landschaft im Wege der Bauleitplanung genügend Rechnung zu tragen, bietet § 9 Abs. 1 BauGB eine Fülle von allgemeinen Festsetzungsmöglichkeiten.

Beginnend mit Ziff. 1 in Verbindung mit der BauNVO können durch Ausrichtung von Art und Maß der baulichen Nutzung u.a. Vegetationstatbestände und eine Bodenversiegelung begrenzt werden[110].

---

[107] vgl. dazu die Ausführungen unter B. III. 2. b) aa).
[108] Beckmann, FS Hoppe, 531 (533); Stüer, Bebauungsplan, Rn. 694.
[109] vgl. dazu § 14 BNatSchG.
[110] vgl. dazu die Ausführungen unter B. II. 5. a) dd).

Nach der Ziff. 6 kann durch die Festsetzung einer höchstzulässigen Zahl der Wohnungen in Wohngebieten ebenfalls ein Beitrag für den Naturschutz geleistet werden. Eine solche Festsetzung sichere eine aufgelockerte Bebauung in ökologisch wertvoller Lage[111].

Ferner dient die Festsetzung von öffentlichen und privaten Grünflächen, wie Parkanlagen, Dauerkleingärten, Sport-, Spiel-, Zelt- und Badeplätzen sowie Friedhöfen nach Ziff. 15 dem Naturschutz[112]. Die Vernetzung von Grünflächen zu zusammenhängenden sogenannten Grüngürteln hat eine wichtige städtebauliche und ökologische Funktion, eventuell eine klimaverbessernde Wirkung. Als städtebauliche Gründe werden zudem Lebens-, Rückzugs- und Ausbreitungsmöglichkeiten für Pflanzen und Tiere anerkannt[113]. Allerdings sind private Grünflächen gesondert auszuweisen, da ansonsten möglicherweise ein Entschädigungsanspruch nach § 40 Abs. 2 BauGB bestünde[114]. Die Festsetzung von Grünflächen darf jedoch nicht zu einer Sicherung von Freiflächen aus ökologischen Gründen eingesetzt werden; hierfür sei – so das OVG Lüneburg[115] – vielmehr eine Festsetzung nach Ziff. 20 erforderlich. Die Festsetzung nach Ziff. 15 kann ferner dazu dienen, Eingriffe auszugleichen[116].

Gemäß Ziff. 16 können dem Naturschutz dienend auch Wasserflächen festgesetzt werden[117].

Nach der Ziff. 18 können Festsetzungen für Flächen für die Landwirtschaft und Wald erfolgen. Diese dienen u.a. der Vernetzung von Schutzgebieten, nicht aber zur Freihaltung des Außenbereichs[118]. Denkbar wäre die Festsetzung einer Streuobstwiese aus landschaftspflegerischen und klimatologischen Gründen. Soll jegliche Bebauung verhindert werden, ist zugleich eine Festsetzung nach Ziffer 10 erforderlich[119]. Keinesfalls darf die Gemeinde lediglich versuchen, Teile ihres Gebietes von einer Bebauung freizuhalten[120].

Eine weitere ausdrückliche Festsetzungsmöglichkeit für den Naturschutz und die Landschaftspflege bietet die Ziffer 20[121].

---

[111] BVerwG, NVwZ 1995, 378 (378 f.).
[112] Lübbe-Wolf/Wegener, Rn. 216.
[113] Brügelmann-*Gierke*, BauGB, § 9, Rn. 296.
[114] VGH München, BayVBl. 1984, 339 (339 f.).
[115] OVG Lüneburg, NuR 1998, 272 (274).
[116] OVG Koblenz, BauR 2000, 1011 (1014); Battis/Krautzberger/Löhr-*Löhr*, BauGB, § 9, Rn. 57; Ernst/Zinkahn/Willy-*Söfker*, BauGB, § 9, Rn. 130; Brügelmann-*Gierke*, BauGB, § 9, Rn. 297 m.w.N. aus der Rspr.
[117] Battis/Krautzberger/Löhr-*Löhr*, BauGB, § 9, Rn. 58.
[118] BVerwG, NVwZ 1991, 875 (876).
[119] BVerwG, BauR 1999, 611 (612).
[120] BVerwGE 40, 258 (258 ff.); Battis/Krautzberger/Löhr-*Löhr*, BauGB, § 9, Rn. 64.
[121] siehe sogleich unter Punkt B. II. 4. c).

Des Weiteren gibt der Katalog des § 9 Abs. 1 BauGB mit der Ziff. 25 eine weitere Festsetzungsmöglichkeit zugunsten des Naturschutzes her[122], mit der auch Eingriffe ausgeglichen werden können[123]. Danach können u.a. für einzelne Flächen das Anpflanzen von Bäumen, Sträuchern und sonstigen Bepflanzungen, Bindungen für Bepflanzungen und für die Erhaltung von Bäumen, Sträuchern und sonstigen Bepflanzungen sowie von Gewässern festgesetzt werden; es besteht hierbei eine enge Verbindung zur Möglichkeit der Festsetzung von Grünflächen nach Ziff. 15. Nach Ziff. 25 können bestimmte Anforderungen an die Bepflanzungen, wie zum Beispiel die Höhe, die Wiederanpflanzung bei Verlust gefordert und die Erhaltung von Bäumen festgesetzt[124] und zur Sicherung vorhandener Grünbestände Bindungen für Bepflanzungen und für die Erhaltung von Bäumen, Sträuchern und sonstigen Bepflanzungen eingesetzt werden. Die Verwendung unbestimmter Rechtsbegriffe wie „einheimische Laubbäume" oder „heimische, standortgerechte Gehölze", welche Vorteile für die örtliche Fauna bewirken[125], sollen dabei nicht gegen das Bestimmtheitsgebot verstoßen, solange der Wille des Satzungsgebers erkennbar sei[126]. Durchgesetzt werden können die Festsetzungen nach Ziff. 25 durch das Pflanzgebot gemäß § 178 BauGB. Danach kann die Gemeinde den Eigentümer durch Bescheid verpflichten, sein Grundstück innerhalb einer bestimmten Frist entsprechend den nach § 9 Abs. 1 Ziff. 25 BauGB getroffenen Festsetzungen des Bebauungsplans zu pflanzen.

Wie bei allen Festsetzungen eines Bebauungsplans, ist auch im Hinblick auf den Natur- und Landschaftsschutz das Erfordernis des städtebaulichen Grundes Voraussetzung[127]. Da die Belange von Natur und Landschaft ein wichtiger Teil der Bauleitplanung sind, stellen Maßnahmen zur Erhaltung oder Verbesserung der Ökologie in einem Bebauungsplan zugleich städtebauliche Gründe dar[128]. Das gilt insbesondere für Flächen und Maßnahmen zur Umsetzung der Eingriffsregelung nach § 1a Abs. 2 Ziff. 2 BauGB, selbst wenn sie in erster Linie der Erhaltung von Nist-, Brut- und Zufluchtstätten bestimmter Arten dienten.

---

[122] vgl. dazu Lübbe-Wolf/Wegener, Rn. 221 ff.
[123] Battis/Krautzberger/Löhr-*Löhr*, BauGB, § 9, Rn. 94.
[124] vgl. BVerwG, NVwZ-RR 1996, 629 (629 f.).
[125] BVerwG, NVwZ 1991, 877 (877 f.).
[126] Louis/Wolf, NuR 2002, 455 (463); OVG Münster, NuR 2000, 59 (60).
[127] dazu siehe bereits die Erläuterungen unter Punkt B. I.
[128] BVerwG, NuR 1995, 192 (193); Louis/Wolf, NuR 2002, 455 (463).

c) Festsetzung von Ausgleichsflächen nach § 1a Abs. 3 Sätze 2 und 3 in Verbindung mit § 9 Abs. 1 Ziff. 20 BauGB

Herausragende Bedeutung in Bezug auf naturschutzrechtliche Festsetzungen haben die Vorschriften des § 1a Abs. 3 Sätze 2 und 3 in Verbindung mit § 9 Abs. 1 Ziff. 20 BauGB über den Ausgleich eines Eingriffes. Danach erfolgt ein Ausgleich durch geeignete Darstellungen und Festsetzungen nach u.a. § 9 BauGB. Eine solche Festsetzung kann konkret gemäß § 9 Abs. 1 Ziff. 20 BauGB als Fläche oder Maßnahme „zum Schutz, zur Pflege und zur Entwicklung von Boden, Natur und Landschaft" in die Tat umgesetzt werden. Die Ziff. 20 dient vor allem der Festsetzung von Ausgleichsflächen und kann auch alleiniger Inhalt eines Bebauungsplans sein[129]. In § 200a BauGB wird dabei deutlich zum Ausdruck gebracht, dass Darstellungen für Flächen zum Ausgleich und Festsetzungen für Flächen oder Maßnahmen zum Ausgleich auch Ersatzmaßnahmen umfassen. Anders als im Naturschutzrecht wird also im Bauleitplanungsrecht nicht zwischen Ausgleichs- und Ersatzmaßnahme differenziert.

Bei der Festlegung der Ausgleichsmaßnahmen, insbesondere bei der räumlichen, hat die Gemeinde einen weiten Gestaltungsspielraum. So können die Festsetzungen im Bebauungsplan auf dem Baugrundstück selbst oder an anderer Stelle im Plangebiet oder in einem anderen Bebauungsplan festgesetzt werden. Insgesamt ist eine Entkopplung von Eingriff und Ausgleich sowohl in zeitlicher (aa) als auch in räumlicher Hinsicht (bb) möglich, vgl. nur § 1a Abs. 3 Satz 3 sowie § 9 Abs. 1a BauGB.

aa) Zeitliche Entkopplung von Eingriff und Ausgleich

Zum Zwecke der zeitlichen Entkopplung von Eingriff und Ausgleich ist es den Gemeinden möglich, eine Art Vorrat an Ausgleichsmaßnahmen bereitzuhalten. Diesen bezeichnet man gemeinhin als sogenanntes Ökokonto[130]. Die Grundidee besteht darin, dass durch ein Ansparen von Ausgleichsmaßnahmen erst später stattfindende Eingriffe ausgeglichen werden. Dass dies möglich ist, wird in § 135a Abs. 2 Satz BauGB bestätigt: danach können die Maßnahmen zum Ausgleich bereits vor den Baumaßnahmen und der Zuordnung durchgeführt werden. Sinnvoll dürfte dabei eine Kopplung des Ökokontos mit einem sogenannten Flächenpool sein. Danach werden bereits vor der Durchführung von Ausgleichsmaßnahmen grobe Überlegungen für ausgewählte Flächen aufgestellt. Durch eine räumliche Konzentration können naturschutzfachliche Ausgleichsziele oft wirksamer und leichter erreicht werden. So

---

[129] BVerwG, NVwZ 1991, 62 (63).
[130] Stich, UPR 2000, 321 (321).

kann eine Flächenpoolkonzeption zum Beispiel die Entwicklung eines Biotopverbundes oder eines Grüngürtels ermöglichen bzw. verbessern[131].

Die Auswahl von Maßnahmen und Flächen zum Ausgleich muss sich an einer naturschutzfachlichen Eignung orientieren. Eine wesentliche Grundlage hierfür bildet der Landschaftsplan. Gemäß § 9 Abs. 1 BNatSchG hat ein solcher die Aufgabe, die Ziele des Naturschutzes und der Landschaftspflege für den jeweiligen Planungsraum zu konkretisieren und die Erfordernisse und Maßnahmen zur Verwirklichung dieser Ziele auch für die Planungen und Verwaltungsverfahren aufzuzeigen, deren Entscheidungen sich auf Natur und Landschaft im Planungsraum auswirken können.

Festzuhalten ist, dass es bei Ausgleichsmaßnahmen und -flächen nicht um den Erhalt eines bereits vorhandenen Zustandes geht, vielmehr muss eine ökologische Aufwertung der in Frage kommenden Flächen erfolgen. Das Bundesverwaltungsgericht[132] hat hierzu zuletzt formuliert: „ […] Für die Ausgleichs- und Ersatzmaßnahmen dürfen nur solche Flächen in Anspruch genommen werden, die sich für diesen Zweck objektiv eignen. Damit kommen nur solche Flächen in Betracht, die aufwertungsbedürftig und –fähig sind. Diese Voraussetzung erfüllen sie, wenn sie in einen Zustand versetzt werden können, der sich im Vergleich mit dem früheren als ökologisch höherwertig einstufen lässt. […]“

bb) Räumliche Entkopplung von Eingriff und Ausgleich
Neben der zeitlichen Entkopplung von Eingriff und Ausgleich, darf auch eine räumliche Entkopplung erfolgen. Mit anderen Worten: der Eingriff kann außerhalb des „eigentlichen" Bebauungsplans kompensiert und sogar in einem anderen Bebauungsplan festgesetzt werden, sogenannter geteilter Bebauungsplan[133]. Ein Ausgleich kann darüber hinaus außerhalb des Gemeindegebietes erfolgen und durchgeführt werden. Dies ist allerdings nur dann möglich, wenn die Gemeinde dort über Flächen verfügen darf[134]. Wenn bereits im Flächennutzungsplan Ausgleichsflächen dargestellt werden, so können die erforderlichen Maßnahmen innerhalb des Bebauungsplans konkretisiert werden[135].

---

[131] vgl. nur Stich, UPR 2000, 321 (321).
[132] so zuletzt: BVerwG, Beschluss vom 07. Juli 2010, AZ: 7 VR 2.10.
[133] Stüer, Bau- und Fachplanungsrecht, Rn. 1365; Stich, WiVerw 2002, 65 (93); Beckmann, FS Hoppe, 531 (543 ff.).
[134] Louis/Wolf, NuR 2002, 455 (464).
[135] Louis/Wolf, NuR 2002, 455 (463).

So positiv eine Aufstellung von Ausgleichsbebauungsplänen anzusehen sein mag, so verbergen sich dahinter doch rechtliche Risiken, die es zu bedenken gilt[136]. Problematisch erscheint schon der gleichmäßige Ablauf bei der Aufstellung von zwei Bebauungsplänen. So ist nicht gewährleistet, dass beide Bebauungspläne auch wirklich gemeinsam erlassen werden. Innerhalb des Abwägungsvorgangs erscheint eine einheitliche Bewertung der Belange als schwierig, insbesondere aber auch die Darlegung der einheitlichen Abwägung in der Begründung der Pläne. Problematisch erscheinen ferner die unterschiedlichen Rechtsschutzmöglichkeiten: so kann der Ausgleichsplan in einem Normenkontrollverfahren angegriffen werden, ohne dass dies auf den Eingriffsplan durchschlägt.

5. Bodenschutz und Altlasten

Eng verwandt sind die beiden Themenfelder „Bodenschutz" (a) und „Altlasten" (b), weshalb im Folgenden diese Themenkomplexe gemeinsam abgehandelt werden sollen.

a) Bodenschutz

Genau wie dem Natur- und Landschaftsschutz wird auch dem Bodenschutz im BauGB eine sehr hohe Bedeutung beigemessen. Dies wird wiederum durch zahlreiche Vorschriften deutlich. Bereits § 1a Abs. 2 Satz 2, 1. Halbsatz BauGB legt fest, dass mit Grund und Boden sparsam und schonend umgegangen werden soll, sogenannte Bodenschutzklausel[137]. Inhaltlich verlangt die Bodenschutzklausel u.a. eine flächensparende Bauweise, Nachverdichtung und eine Wiedernutzung von Brachflächen. Es kommt dabei nicht auf die Wertigkeit des Bodens an, die Vorschrift des § 1a Abs. 1 BauGB soll jedem Boden zu Gute kommen[138]. Sparsamer Umgang mit dem Boden bedeutet in diesem Zusammenhang vor allem, dass noch naturhafter (unversiegelter, unverbrauchter) Boden nur dann verplant werden soll, wenn es dem Wohl der Allgemeinheit – nach Abwägung öffentlicher und privater Belange – entspricht. Ferner bedeutet ein sparsamer Verbrauch zugleich die Wiedernutzung bereits „verbrauchter" Böden bei beispielsweise stillgelegten Industrie- oder Gewerbebetrieben, sogenanntes Flächenrecycling[139]. Ein schonender Umgang mit dem Boden bedeutet wiederum, dass bei einer erstmaligen und unvermeidbaren Inanspruchnahme eines

---

[136] vgl. zu allem: Louis/Wolf, NuR 2002, 455 (463); Brohm, FS Hoppe, 511 (519).
[137] vgl. Peine, Baurecht, Rn. 600; Losch, ZfBR 1992, 257 (257); Louis/Wolf, NuR 2002, 61 (63).
[138] Louis/Wolf, NuR 2002, 61 (64).
[139] Stich, WiVerw 2002, 65 (68); Peine, Baurecht, Rn. 601; Spannowsky/Hofmeister, Seite 127.

noch unbeanspruchten Bodens nach Möglichkeiten gesucht werden muss, die zu erwartende Versieglung gering zu halten[140].

Ferner von bodenrechtlicher Relevanz sind die ausdrückliche Aufnahme des Bodenschutzes als besonderer Belang im Jahr 1998 in das BauGB[141] sowie § 5 Abs. 2 Ziff. 10 und § 9 Abs. 1 Ziff. 20 (Flächen für Maßnahmen zum Schutz, zur Pflege und zur Entwicklung von Boden, Natur und Landschaft) BauGB. Weitere Vorschriften, bei denen der Schutz des Bodens ausdrücklich Erwähnung findet sind der Schutz des Mutterbodens nach § 202 BauGB und das Rückbau- und Entsiegelungsgebot nach § 179 BauGB.

Angesichts des hohen Flächenverbrauchs in der Bundesrepublik Deutschland darf der große Wert, der auf den Bodenschutz gelegt wird, nicht verwundern. Die Siedlungs- und Verkehrsfläche nimmt pro Tag bei Hochkonjunktur um etwa 129 ha pro Tag zu, bei niedriger Konjunktur immerhin noch 100 ha pro Tag. Insgesamt sind 90 Prozent der zusätzlichen Flächeninanspruchnahme allein auf das ständige Wachstum der Siedlungsgebiete und der dazu benötigten Verkehrsflächen zurückzuführen[142]. Viele Kommunen sehen sich in einem hohen Druck von Investoren sowie den wachsenden Wohnraumbedürfnissen der Bevölkerung ausgesetzt: Durch die Ausweisung neuer Bau- und Gewerbegebiete gehen jedoch immer mehr Freiflächen verloren. Die durch die Flächeninanspruchnahme einhergehende Flächenversiegelung wirkt sich negativ auf den natürlichen Wasserhaushalt aus, weil in den Boden kein Niederschlag mehr eindringen kann. Der Boden dient nicht mehr als Puffer, der oberflächliche Abfluss wird gesteigert und die Grundwasserspende verringert. Folgen sind Trinkwassermangel, vermehrte Dürreschäden und stärkere Hochwasser. Ferner steigen Grundwasserbelastung und Schadstoffkonzentration: bei punktueller und nicht flächenmäßiger Versickerung des Niederschlags werden weniger Nähr- und Schadstoffe im Boden gefiltert[143]. Eine Flächenzerschneidung durch Verkehrswege führt zudem zu einer Zerstörung von Lebensräumen für Tiere und Pflanzen. Aus diesem Grund formuliert die Nationale Nachhaltigkeitsstrategie aus dem Jahr 2002 das Ziel, die Flächeninanspruchnahme für Siedlungs- und Verkehrszwecke bis zum Jahr 2020 auf 30 ha pro Tag zu reduzieren[144].

---

[140] Stich, WiVerw 2002. 65 (69).
[141] Otto, NVwZ 2000, 47 (47).
[142] http://www.umweltdaten.de/uba-info-presse/hintergrund/flaechenverbrauch.pdf am 12. Oktober 2010; vgl. zur Problematik auch Losch, ZAU, 1992, 257 (262).

[143] Koch/Hendler, Baurecht, § 14, Rn. 54; http://de.wikipedia.org/wiki/Fl%C3%A4chenversiegelung am 28. Oktober 2010.
[144] BMU, Perspektiven für Deutschland – Unsere Strategie für eine nachhaltige Entwicklung, Seite 99; abrufbar als pdf-Dokument unter: http://www.nachhaltigkeitsrat.de/der-rat/strategie/strategie-2002/

Dieses Ziel ist verstärkt an die Bundesländer und Kommunen gerichtet worden; das Bauleitplanungsrecht kann dabei einen immensen Beitrag leisten.

aa) Verhältnis zum Bundesbodenschutzgesetz[145]

Das Verhältnis des BBodSchG zum Bauplanungsrecht regelt § 3 Ziff. 9 BBodSchG. Danach findet das BBodSchG auf schädliche Bodenveränderungen und Altlasten nur dann Anwendung, soweit Vorschriften des Bauplanungs- und Bauordnungsrechts Einwirkungen auf den Boden nicht regeln. „Schädliche Bodenveränderungen" im Sinne des § 2 Abs. 3 BBodSchG sind Beeinträchtigungen der Bodenfunktionen, die geeignet sind, Gefahren, erhebliche Nachteile oder erhebliche Belästigungen für den einzelnen oder die Allgemeinheit herbeizuführen.

Zu solchen Beeinträchtigungen führt die Bauleitplanung in der Regel nicht. Sie ordnet lediglich die bauliche und sonstige Bodennutzung, sobald es städtebaulich erforderlich ist. Selbst bei der Festsetzung von Gewerbe- und Industriegebieten ist nicht von einer schädlichen Bodenveränderung auszugehen; es ist erst bei der Zulassung einzelner baulicher Nutzungen konkret abzusehen, ob Gefahren hinsichtlich einer schädlichen Bodenveränderungen vorliegen. Anders ist dies im Bereich des Straßenbaus: schädliche Bodenveränderungen sind zumindest am Randbereich der Straßen nicht auszuschließen. Sind diese Gefahren bereits im Bauleitplanverfahrn absehbar, müssen die Gemeinden die Vorsorgewerte der Bundesbodenschutzverordnung beachten[146].

Aus diesen Überlegungen folgt, dass, ähnlich wie beim Immissionsschutzrecht, keine Hierarchie zwischen BauGB und BBodSchG existiert. Vielmehr sind beide Rechtsgebiete nebeneinander anwendbar und beeinflussen sich teilweise wechselseitig[147].

bb) Allgemeine Festsetzungsmöglichkeiten

Wiederum können Festsetzungen über Art und Maß der baulichen Nutzung nach § 9 Abs. 1 Ziff. 1 BauGB einen Beitrag zum Bodenschutz leisten. Hauptsächliches Ziel ist dabei die

---

[145] im Folgenden BBodSchG.
[146] Louis/Wolf, NuR 2002, 61 (62).
[147] Louis/Wolf, NuR 2002, 61 (62).

Verhinderung der Versiegelung[148], welches auch durch die Festsetzungsmöglichkeit nach Ziff. 2 – überbaubare und nicht überbaubare Flächen – erreicht werden kann[149].

Auch die Festsetzungen nach Ziff. 3 über die Größe, Breite und Tiefe des Baugrundstücks können sich positiv auf den Bodenschutz auswirken[150]. Ziel ist dabei der in der Bodenschutzklausel formulierte sparsame und schonende Umgang mit Grund und Boden[151], welcher nochmals ausdrücklich im Wortlaut der Ziff. 3 ausformuliert wird: „ […] aus Gründen des sparsamen und schonenden Umgangs mit Grund und Boden für Wohnbaugrundstücke […]".

Mittelbar dem Bodenschutz dienend ist die Festsetzungsmöglichkeit gemäß Ziff. 10[152] – die von der Bebauung freizuhaltenden Flächen und ihre Nutzung. Mittelbar deshalb, weil sich die Ziff. 10 lediglich auf Grundstücke bezieht, welche zwar Bauland sind, jedoch aus besonderen städtebaulichen Gründen, wie zum Beispiel Denkmalschutz, Blickverbindungen oder Durchlüftung, freigehalten werden sollen. Ein Nebeneffekt ist dabei der Bodenschutz, da hierdurch eine Versiegelung verhindert wird; die Erforderlichkeit dieser Festsetzung kann allerdings nicht aus Gründen des Bodenschutzes allein erfolgen[153].

Für den Bodenschutz um einiges bedeutsamer sind die Festsetzungen für eigenständige Nutzungszwecke ohne bauliche Nutzung. Geeignet sind daher die Ziff. 15 – Grünflächen – und 18 – Flächen für Landwirtschaft und Wald – , welche die Nutzungsfunktion des Bodens nach § 2 Abs. 2 Ziff. 3c) BBodSchG sichern können. Als konkretes Beispiel sei hier die Festsetzung einer Streuobstwiese genannt, welche sowohl ökologische als auch klimatologische Ziele verfolgen kann[154].

Ebenfalls mittelbar tragen Festsetzungen nach Ziff. 25 – Pflanz- und Erhaltungsgebote für Bepflanzungen – zum Bodenschutz bei[155]. Sie dienen beispielsweise der Abwehr von Erosionen durch die Anordnung oder Erhaltung von Schutzpflanzen wie Hecken und Feldgehölzen[156].

---

[148] Battis/Krautzberger/Löhr-*Löhr*, BauGB, § 9, Rn. 10; Lübbe-Wolf/Wegener, Rn. 155 ff.; Koch/Schütte, DVBl. 1997, 1415 (1420).
[149] vgl. dazu die Ausführungen unter B. II. 5. d) und e).
[150] vgl. Lübbe-Wolf/Wegener, Rn. 159.
[151] Louis/Wolf, NuR 2002, 61 (68); Ernst/Zinkahn/Willy-*Söfker*, BauGB, § 9, Rn. 43.
[152] vgl. Peine, Baurecht, Seite 605.
[153] Koch/Schütte, DVBl. 1997, 1415 (1420).
[154] BVerwG, NuR 1999, 191 (191).
[155] Otto, NVwZ 2000, 47 (49).
[156] Louis/Wolf, NuR 2002, 61 (69).

cc) Festsetzung von Flächen und Maßnahmen im Sinne des § 9 Abs. 1 Ziff. 20 BauGB

Nicht nur für den Schutz von Natur und Landschaft, sondern auch für den Bodenschutz ist die Vorschrift des § 9 Abs. 1 Ziff. 20 BauGB von zentraler Bedeutung. So können Flächen zum Schutz, zur Pflege und Entwicklung des Bodens festgesetzt werden. Die Darstellungen und Festsetzungen dienen nicht nur dem Ausgleich von Eingriffen in den Boden; sie sind auch zulässig, um Flächen für eigenständige Bodenschutzmaßnahmen der Gemeinde zu sichern. Zu denken ist hierbei insbesondere an die Darstellung und Festsetzung von Flächen, auf denen eine Erosionsgefahr besteht (zum Beispiel Hanglagen), schädliche Bodenveränderungen durch flächendeckende Eintragung von Schadstoffen eintreten können, die Funktionen des Bodens nach § 2 Abs. 2 Ziff. 1, 2 oder 3c) BBodSchG gefährdet sind oder wiederhergestellt werden sollen[157]. Es geht aber nicht nur allein um Festsetzungen, die den Ist-Zustand bewahren; es können auch Entwicklungen zugunsten des Bodenschutzes angestrebt werden. Louis/Wolf[158] führen hierbei insbesondere auf, dass man eine bestimmte Bodenbedeckung anlegen könne oder bestimmte Eigenschaften vorschreibe, um schädliche Bodenveränderungen durch diffuse Quellen zu verhindern. Denkbar sei danach auch, dass man vorschreiben könne, dass bestimmte Stoffe (zum Beispiel Pflanzenschutz- und Düngemittel), die den Boden belasten, nicht eingebracht oder aufgebracht werden dürfen. Es könne ferner eine bestimmte Art der Bodenbewirtschaftung vorgegeben werden, beispielsweise hinsichtlich der Art der Tierhaltung, wenn für den Boden konkret nachgewiesen sei, dass anderenfalls schädliche Bodenveränderungen zu befürchten wären. Eine ganz andere Möglichkeit ist die Anordnung, Straßen und Wege in wasserdurchlässigem Material anzulegen, um einen verbesserten Kreislauf des Wasserhaushalts zu ermöglichen[159]. Denkbar sind zudem konkrete Bewirtschaftungsvorschriften für ein Biotop; dies soll allerdings nur dann möglich sein, wenn dessen natürliche Kraft nicht ausreicht, sich selbst zu entwickeln und zusätzlich städtebauliche Gründe vorliegen, die für den Erhalt des Biotops sprechen[160].

Das Bundesverwaltungsgericht[161] hat zudem bestätigt, dass es sogar in Frage komme, Veränderungen des Bodens zu verbieten, die ansonsten zulässig wären. Das Gericht hat dies in einem Fall entschieden, in dem in einem Bebauungsplan ein beabsichtigter und sonst

---

[157] Louis/Wolf, NuR 2002, 61 (69).
[158] Louis/Wolf, NuR 2002, 61 (69).
[159] Otto, NVwZ 2000, 47 (49).
[160] Otto, NVwZ 2000, 47 (49).
[161] BVerwG, NVwZ 1991, 62 (63).

zulässiger Gipsabbau verhindert werden konnte, da hierfür besondere städtebauliche Gründe vorlagen.

dd) Reduzierung der Versiegelungsfläche

Eine der schwierigsten Aufgaben der Gemeinden ist es, den Flächenverbrauch einzudämmen. Allerdings haben sie die Möglichkeit, flächenschonendes Bauen durch entsprechende Darstellungen und Festsetzungen in einem Bebauungsplan zu fördern und den Grad des oben bereits erwähnten Flächenrecyclings zu bestimmen. Letzteres kann insbesondere durch die Reaktivierung nicht genutzter Brachflächen geschehen. Anstelle der Ausweisung neuer Baugebiete müssen im Zweifel die Wohnbedürfnisse durch eine stärkere Verdichtung[162], Schließung von Baulücken oder durch die Sanierung von Altlastenflächen[163] befriedigt werden. Flächenrecycling lohnt sich, so eine Studie des UBA. Danach biete die Brachflächenreaktivierung für alle Beteiligten eine bessere Alternative als die Entwicklung von Standorten auf der „grünen Wiese". Argumente hierfür sind ökonomischer und ökologischer Natur[164]. Es wird dabei darauf hingewiesen, dass es vor allem weiterer Schritte der Politik bedürfe, um konkrete Anreizinstrumente zu schaffen.

Wie oben bereits angedeutet, besteht eine Möglichkeit darin, die bereits oben kurz erwähnten Ziff. 1 und 2 des § 9 Abs. 1 BauGB in Anspruch zu nehmen und damit Art und Maß der baulichen Nutzung sowie die Bauweise im Sinne des Bodenschutzes und damit das Ausmaß der Versiegelung zu steuern. Durch die – für den qualifizierten B-Plan obligatorische – Festsetzung der überbaubaren und nicht überbaubaren Grundstücksflächen gemäß § 9 Abs. 1 Ziff. 2 BauGB in Verbindung mit § 23 BauNVO werden die Flächen auf dem Grundstück, die bebaut werden dürfen, durch Baulinien, Baugrenzen oder Bautiefen genau räumlich bestimmt. Mit diesen Festsetzungen kann die Versiegelungsfläche des Baugrundstücks sehr genau gesteuert werden.

Ein erhebliches Problem sind ferner Stellplätze und Garagen nach § 12 BauNVO sowie Nebenanlagen nach § 14 BauNVO, die ebenfalls zu einer Versiegelung des Bodens führen. Um einen „Wildwuchs" zu vermeiden, erscheint es daher sinnvoll, Nebenanlagen und andere Nebeneinrichtungen durch entsprechende Festsetzungen im Bebauungsplan zu begrenzen. Dies ist nach § 12 Abs. 6 BauNVO (Verbot oder Beschränkung von Stellplätzen und

---

[162] vgl. Punkt B. II. 5. a) ee).
[163] vgl. Punkt B. II. 5. b).
[164] vgl. zu allem: UBA, Flächenressourcenmanagement, Seite 310 ff.

Garagen) sowie § 14 Abs. 1 Satz 3 BauNVO (Verbot oder Beschränkung von Nebenanlagen) möglich.

Über die Begrenzung der Neuversiegelung hinaus kann in Einzelfällen auch ein Rückbau oder eine Entsiegelung festgesetzt werden. Die Gemeinden haben mit der Regelung des § 179 BauGB ein entsprechendes Instrument zur Hand. Danach kann die Gemeinde den Eigentümer verpflichten zu dulden, dass eine bauliche Anlage im Geltungsbereich eines Bebauungsplans ganz oder teilweise beseitigt wird, wenn sie u.a. den Festsetzungen des Bebauungsplans nicht entspricht und ihnen nicht angepasst werden kann. Dies gilt auch für die sonstige Wiedernutzbarmachung von dauerhaft nicht mehr genutzten Flächen, bei denen der durch Bebauung oder Versiegelung beeinträchtigte Boden in seiner Leistungsfähigkeit erhalten oder wiederhergestellt werden soll. Auch in diesem Zusammenhang wird deutlich, dass der Gesetzgeber das Gebot des sparsamen und schonenden Umgangs mit dem Boden vorantreiben will und explizit das Flächenrecycling als eine der Lösungen im Hinblick auf das Problem des zunehmenden Flächenverbrauchs ansieht.

ee) Verdichtung

Nicht nur durch die Reduzierung der Versiegelung, sondern auch durch eine Verdichtung der Bebauung lässt sich aktiver Bodenschutz betreiben. Denn weder eine hohe bauliche Dichte ist als bodenschonend anzusehen noch eine flächenextensive Bebauung als flächensparend[165]. Nennenswerte Flächeneinspareffekte werden dabei nur bis zu einer Geschossflächenzahl von 0,7 erzielt[166].

Wiederum sind die Festsetzungsmöglichkeiten des § 9 Abs. 1 Ziff. 1, 2 und insbesondere 3 BauGB relevant, denn sie können zu einer innerstädtischen Verdichtung führen und die Inanspruchnahme von Freiflächen verhindern. Ziel ist mithin wiederum die Eindämmung der Versiegelung. Allerdings kommt diese Art von Bodenschutz eher im Außenbereich und bei größeren Freiflächen in Betracht, da es sich hier anbietet, verdichtet zu bauen. Diese Intention kommt bereits mit § 35 Abs. 3 Satz 1 Ziff. 7 BauGB zum Ausdruck: danach soll im Außenbereich möglichst einer Entstehung, Verfestigung oder Erweiterung einer Splittersiedlung entgegengewirkt werden.

Aber auch in bereits bebauten Gebieten kann unter Umständen eine Nachverdichtung in Frage kommen. Durch die Festlegung einer maximalen Grundstücksfläche für Wohngrundstücke

---

[165] Losch, ZAU 1992, 257 (257); Battis/Krautzberger/Löhr-*Löhr*, BauGB, § 9, Rn. 21.
[166] Losch, ZAU 1992, 257 (258); Battis/Krautzberger/Löhr-*Löhr*, BauGB, § 9, Rn. 21.

kann der Flächenverbrauch im Verhältnis zum geschaffenen Wohnraum verringert werden. Es können Höchstmaße für die Größe, Breite und Tiefe der Baugrundstücke „aus Gründen des sparsamen und schonenden Umgangs mit Grund und Boden" festgesetzt werden. Um eine Mindestdichte in Baugebieten zu erzielen, kann auch eine Festsetzung über ein Mindestmaß der Geschossflächenzahl erfolgen, vgl. § 16 BauNVO. Für das Maß der baulichen Nutzung eröffnet § 16 Abs. 2 BauNVO weitere verschiedene Festsetzungsmöglichkeiten, die der Gemeinde zur Wahl stehen[167]. Aus Gründen des Bodenschutzes müsse zudem, so das OVG Münster[168], eine Grundflächenzahl oder die Größe der Grundfläche der baulichen Anlage festgesetzt werden.

Hervorzuheben ist des Weiteren die Vorschrift des § 19 BauNVO. Hierdurch wird der überbaubare Teil des Grundstücks festgesetzt. Nach Abs. 4 Satz 1 sind Garagen, Stellplätze, Zufahrten und sonstige Nebenanlagen mitzurechnen. Dennoch darf die festgesetzte Grundflächenzahl – als Ausnahme in Abs. 4 Satz 2 formuliert – um bis zu 50 Prozent überschritten werden, jedoch höchstens bis zu einer Grundflächenzahl von 0,8. Die Gemeinden haben nach den folgenden Sätzen des Weiteren die Möglichkeit, selbst abweichende Regelungen zu treffen und die Überschreitung, abweichend von der BauNVO, zu bestimmen. Die vielen Ausnahmeregelungen sowie der Verzicht auf die Einbeziehung aller bodenversiegelnder Anlagen schwächt die Wirksamkeit dieses Instruments entscheidend: In Gebieten, wo der Boden am stärksten bedroht ist, wie in Kerngebieten, kann diese Vorschrift nicht angewendet werden. In Gebieten dagegen, wo er angewendet werden könnte, besteht im Allgemeinen kein Bedarf, weil die zulässigen baulichen Nutzungsintensitäten ohnehin nicht ausgeschöpft würden[169].

Für die Verdichtung enthält zudem § 17 Abs. 1 BauNVO nach Baugebieten gegliederte Obergrenzen, die im Grundsatz nicht überschritten werden dürfen. Allerdings lässt § 17 Abs. 2 BauNVO abermals Ausnahmen zu, wenn besondere städtebauliche Gründe dies erfordern, sichergestellt ist, dass die allgemeinen Anforderungen an gesunde Wohn- und Arbeitsverhältnisse nicht beeinträchtigt werden, nachteilige Auswirkungen auf die Umwelt vermieden werden und sonstige öffentliche Belange nicht entgegenstehen. Die Überschreitung muss sich also aus einer besonderen Planungskonzeption der Gemeinde ergeben, das allgemeine Ziel einer Verdichtung der Bebauung reicht hierfür nicht aus[170]. Es

---

[167] Fickert/Fieseler, BauNVO, § 16, Rn. 20.
[168] OVG Münster, NVwZ 1996, 923 (923 ff.).
[169] Losch, ZAU 1992, 257 (264).
[170] OVG Münster, BauR 2001, 902 (902 ff.).

gelten insgesamt hohe Begründungsanforderungen, so dass der Charakter der Ausnahmeregelung erhalten bleibt[171].

Generell ist zu berücksichtigen, dass eine Verdichtung nicht unbegrenzt erfolgen kann. Im Einzelfall kann dies, gerade in Ballungsräumen, nämlich zu einem weiteren Abbau von ökologisch wertvollen Freiflächen führen[172]. Auch wird der Freiflächenanteil je Einwohner geringer, was zu einer Verminderung der Wohnqualität führen kann. In Konflikt gerät die Verdichtung auch mit dem Gebot der möglichst geringen Versiegelung. Der Verdichtung sind somit gerade auch aus ökologischer Sicht Grenzen gesetzt. Wo diese im Einzelfall liegen, ist abhängig von den konkreten Gegebenheiten. Kritisch wird in der Literatur[173] dabei angemerkt, dass die Festsetzung niedriger Grundflächenzahlen mit dem Ziel, die Versiegelung zu verringern, dann wenig hilfreich für den Bodenschutz ist, wenn viele der Grundstücksnutzungen wie zum Beispiel Garagen, Stellplätze und Gartenlauben von einer Anrechnung auf die Grundflächenzahl ausgenommen werden.

b) Altlasten

Bodenkontaminationen schränken die Bauleitplanung der Gemeinden erheblich ein, da Gefahren für Mensch und Umwelt nicht auszuschließen sind. Erst in den 80er Jahren begann man dieses Problem näher zu untersuchen und versuchte, geeignete Maßnahmen zu treffen[174]. Dies führte allerdings auch dazu, dass sanierungsbedürftige Altlasten vorerst nicht saniert und zunächst nur Maßnahmen zur Gefahrenabwehr getroffen wurden. Problematisch war zudem, dass Zuständigkeiten nicht geklärt waren und die Überwachung der Altlasten in den Bundesländern unterschiedlich gehandhabt worden ist. Aus diesen und weiteren Gründen ist im Februar 1998 das BBodSchG verabschiedet worden. Es hat den Zweck, nachhaltig die Funktionen des Bodens zu sichern oder wiederherzustellen, vgl. § 1 Satz 1 BBodSchG. Mit Hilfe bundeseinheitlich geregelter Pflichten zur Gefahrenabwehr, einheitlicher Anforderungen an den Bodenschutz und der Sanierung von Altlasten soll dieses Ziel erreicht werden. Darüber hinaus regelt das BBodSchG die Zuständigkeiten und Verantwortlichkeiten bei der Bearbeitung von Altlasten. Auf der Grundlage der BBodSchV konnte in einer

---

[171] BVerwG, NVwZ 1997, 903 (904).
[172] Gutachten des Sachverständigenrats für Umweltfragen 1993, BT-Drs. 12/6995, Rn. 457.
[173] Losch, ZAU 1992, 257 (262 f.).
[174] Lübbe-Wolf/Wegener, Rn. 163.

Bestandsaufnahme erfasst werden, dass in der Bundesrepublik Deutschland momentan mehr als 271.000 Flächen als altlastenverdächtig gelten[175].

Altlasten sind nach § 2 Abs. 5 BBodSchG stillgelegte Abfallbeseitigungsanlagen sowie sonstige Grundstücke, auf denen Abfall behandelt, gelagert oder abgelagert worden sind (Altablagerungen), und Grundstücke stillgelegter Anlagen und sonstige Grundstücke, auf denen mit umweltgefährdenden Stoffen umgegangen worden ist (Altstandorte), durch die eine schädliche Bodenveränderung oder sonstige Gefahren für den einzelnen oder die Allgemeinheit hervorgerufen werden. Nicht zuletzt besteht im Sinne des Flächenrecyclings ein hohes Interesse an der Nutzung dieser belasteten Böden. Abschreckend wirkt allerdings die Gefahr erheblicher Schadensersatzansprüche bei der Überplanung von Altlasten durch die Gemeinden. Außerdem besteht das Risiko, dass geplante Vorhaben wegen der schädlichen Bodenveränderungen aus Kostengründen nicht sanierbar sind. Die auf der BBodSchV beruhende Bestandsaufnahme kann jedoch für eine Rechts- und Investitionssicherheit auf Seiten der Eigentümer und Investoren sorgen[176].

Stellt sich während des Bauleitplanverfahrens heraus, dass eine schädliche Bodenveränderung vorliegt, hat die Gemeinde zu entscheiden, welche Auswirkungen dies auf ihre Planung hat. Ob diese schädliche Bodenveränderung das Wohl der Allgemeinheit dergestalt gefährdet, dass eine Sicherung oder Sanierung erforderlich ist, entscheidet ausschließlich die Bodenschutzbehörde nach den §§ 4 ff. BBodSchG. Allerdings bestimmt sich das Sanierungserfordernis und der –umfang nach der zulässigen planungsrechtlichen Nutzung und damit nach den Vorgaben des Bebauungsplans[177]. Die Festsetzungsmöglichkeiten innerhalb eines solchen im Hinblick auf Altlasten sind eher gering angesiedelt (aa). Es geht vielmehr darum, dass die Gemeinden gewisse Pflichten bei der Überplanung von Altlasten haben (bb).

aa) Allgemeine Festsetzungsmöglichkeiten
Die Gemeinde hat zunächst im Hinblick auf Altlasten die Festsetzungsmöglichkeit des § 9 Abs. 1 Ziff. 10 BauGB. Dies wird in der Literatur dann befürwortet, wenn die Gemeinde – ausgehend von Sanierungsmöglichkeiten und –kosten – ein Konzept für die in Nutzung

---

[175] vgl. http://www.bundesumweltministerium.de/bodenschutz/kurzinfo/doc/4014.php am 31. Oktober 2010.
[176] vgl. http://www.bundesumweltministerium.de/bodenschutz/kurzinfo/doc/4014.php am 31. Oktober 2010.

[177] Louis/Wolf, NuR 2002, 61 (62).

stehenden Flächen entwickelt und so Flächen freihalten kann, die nach der Sanierung Nutzungen ermöglichen[178].

Ferner wird in der Literatur[179] die Festsetzungsmöglichkeit der Ziff. 24 vorgeschlagen. Zugleich wird allerdings darauf hingewiesen, dass die danach festsetzbaren Möglichkeiten fast ausschließlich auf Umwelteingriffe/-einwirkungen abzielen und daher nicht jede Altlastenproblematik gelöst werden kann. Konkret könnte eine Regelung bezüglich eines Gasaustritts aus einer ehemaligen Deponie festgesetzt werden.

bb) Pflichten der Gemeinden im Hinblick auf Altlasten

Eine zentrale Pflicht der Gemeinden ist die der Kennzeichnungspflicht[180] gemäß § 9 Abs. 3 Ziff. 3 BauGB. Danach sollen im Bebauungsplan Flächen, deren Böden erheblich mit umweltgefährdenden Stoffen belastet sind, gekennzeichnet werden.

Die Einführung dieser Vorschrift hängt u.a. auch mit einer Entscheidung des Bundesgerichtshofes[181] zusammen. Dieser hat eine drittgerichtete Amtspflicht darauf hin erkannt, dass Gemeinden über mögliche Altlastengefahren aufklären müssen. Dies sei vor allem dann der Fall, wenn diese Gefahren bekannt waren oder hätten bekannt sein müssen. Hauptargument hierfür war die Forderung des Gesetzgebers, dass bei der Aufstellung von Bauleitplänen insbesondere die allgemeinen Anforderungen an gesunde Wohn- und Arbeitsverhältnisse zu berücksichtigen sind, vgl. § 1 Abs. 6 Ziff. 1 BauGB. Da dieses von den Gemeinden in der Vergangenheit missachtet worden ist, kam es zu einer Reihe von Amtshaftungsprozessen.

Die Gemeinden haben nunmehr im Rahmen der Aufstellung von Bauleitplänen eine Pflicht dahingehend, ob einer bestimmten zu überplanenden Flächen und die geplante Nutzung einer bereits bekannten oder vermuteten Altlast entgegensteht. Dafür müssen bei letzterem Fall ernsthafte Erkenntnisse oder Hinweise vorliegen. Ausdrücklich nach der Rechtsprechung des Bundesverwaltungsgerichts und des Bundesgerichtshofes besteht dagegen keine Verpflichtung der Gemeinden, jede zu überplanende Fläche rein vorsorglich auf Altlasten hin zu untersuchen[182]; vielmehr seien hinreichende Verdachtsmomente erforderlich[183]. Wann solche Verdachtsmomente und Anhaltspunkte vorliegen, ist in § 3 BBodSchV normiert.

---

[178] Koch/Schütte, DVBl. 1997, 1415 (1418); Lübbe-Wolf/Wegener, Rn. 172.
[179] Koch/Schütte, DVBl. 1997, 1415 (1418); Lübbe-Wolf/Wegener, Rn. 172.
[180] vgl. Koch/Schütte, DVBl. 1997, 1415 (1418).
[181] BGHZ 106, 323 (323 ff.); vgl. auch Peine, Baurecht, Seite 546 m.w.N. aus der Rspr. und der Lit.
[182] BVerwG, DVBl. 1991, 826 (826) nur Leitsatz; BGH, NJW 1994, 253 (255).
[183] Louis/Wolf, NuR 2002, 61 (69).

Danach regelt beispielsweise § 3 Abs. 1 Satz 1 BBodSchV, dass Anhaltspunkte für das Vorliegen einer Altlast bei einem Altstandort insbesondere dann bestehen, wenn auf Grundstücken über einen längeren Zeitraum oder in erheblicher Menge mit Schadstoffen umgegangen wurde und die jeweilige Betriebs-, Bewirtschaftungs- oder Verfahrensweise oder Störungen des bestimmungsgemäßen Betriebs nicht unerhebliche Einträge solcher Stoffe in den Boden vermuten lassen. Auf solche Regelungen kann und muss die Gemeinde zurückgreifen und überprüfen, ob Altlasten vorhanden sind oder nicht[184]. Insgesamt ist eine Überplanung der Altlastenfläche nur dann unzulässig, wenn eine Sanierung zum Beispiel wegen zu hohen technischen Aufwands unverhältnismäßig erscheint[185].

Sind Altlasten erkannt worden, besteht die angesprochene Kennzeichnungspflicht im Bebauungsplan. Sie übt dem Bauherrn gegenüber eine Warnfunktion aus, welche einen Vertrauensschutz und damit auch Amtshaftungsansprüche ausschließen[186].

Die Kennzeichnungspflicht wird jedoch als ein Instrument der Bauleitplanung mit geringem Konfliktlösungspotential eingeschätzt, wenn die kontaminierten Böden wieder einer Nutzung zugeführt werden sollen. Sinnvoll erscheint es daher, in der Planbegründung nach § 9 Abs. 8 in Verbindung mit § 2 a BauGB hinreichend über den Sanierungsaufwand aufzuklären. Des Weiteren können die Gemeinden im Bebauungsplan das Instrument der Nutzungsfestsetzung unter der Bedingung spezieller Sanierungsmaßnahmen einsetzen. Nach § 9 Abs. 2 Ziff. 2 BauGB kann die Gemeinde nämlich für bestimmte bauliche Nutzungen oder Anlagen festsetzen, dass bis zum Eintritt bestimmter Umstände eben diese unzulässig sind. Eine Folgenutzung soll sodann festgesetzt werden, vgl. Satz 2.

6. Schutz der Gewässer

Wasser ist eine der wichtigsten Ressourcen für die Menschheit. Sowohl Oberflächen- als auch Grundwasser werden für vielfältige wirtschaftliche Aktivitäten benötigt, sei es für die Industrie, für die Landwirtschaft, für die Schifffahrt, den Bergbau oder andere Zwecke, und nicht zuletzt als Trinkwasserquelle. Diese Nutzungen bleiben allerdings nicht ohne Einfluss auf die natürlichen Gewässer, denn sie leiden sowohl durch Wasserentnahme als auch durch Verschmutzung. Die Landwirtschaft ist dabei ein Hauptfaktor beim Entstehen von sogenanntem Wasserstress, d.h. der Veränderung von Wasserqualität und –menge[187]. Die

---

[184] Louis/Wolf, NuR 2002, 61 (70).
[185] Louis/Wolf, NuR 2002, 61 (71).
[186] Louis/Wolf, NuR 2002, 61 (71).
[187] EEB, Handbuch zur EU Wasserpolitik, Seite 3.

Verschmutzung der Flüsse durch Schwermetalle und andere Chemikalien nimmt zwar allgemein ab. Dennoch sind Schadstoffkonzentrationen, die über den für den menschlichen Verzehr zulässigen Grenzen liegen, nach wie vor in Muscheln und Fischen aus Mündungen großer Flüsse, aus der Nähe industrieller Punkteinleitungen und in Häfen zu finden. Die biologische Gewässerqualität der Bäche und Flüsse in der Bundesrepublik Deutschland hat sich seit den 70er Jahren wesentlich verbessert, und auch die Qualität des Trinkwassers ist flächendeckend gut bis sehr gut. Maßgebend waren die Erfolge der emissionsorientierten, sektoralen Gewässerschutzpolitik, die zu einer erheblichen Verbesserung der Abwasserreinigung durch den Bau leistungsfähiger Kläranlagen geführt haben. Obwohl insgesamt eine Verbesserung der Wasserqualität zu verzeichnen ist, hat sich die Gesamtsituation nicht wirklich entspannt. Gerade kleinere Gewässer und das Grundwasser sind immer noch von weiterer Verschlechterung bedroht. Erheblicher Anstrengungen bedarf es zum einen im Bereich der Gewässerbelastungen aus diffusen Quellen; etwa 60 Prozent der Gewässerbelastungen stammen hieraus. Sie sind insbesondere auf landwirtschaftliche Einträge von Nährstoffen bzw. Düngemitteln zurückzuführen. Zum anderen bedarf es der Verbesserung der Struktur der oberirdischen Gewässer, die in der Bundesrepublik Deutschland zu über 80 Prozent anthropogen verändert sind[188].

Gewässer erfüllen jedoch auch wichtige Funktionen im Hinblick auf das Ökosystem in der Stadt und in der Landschaft. Die Erhaltung und die Renaturierung bestehender Gewässer sollte daher– soweit notwendig – Teil der Bauleitplanung werden.

Neben völkerrechtlichen Vorgaben zum Schutz der Gewässer – zumeist der Meere – wie zum Beispiel das MARPOL-Übereinkommen aus dem Jahr 1973 (Verhütung der Meeresverschmutzung durch Schiffe) und das OSPAR-Übereinkommen aus dem Jahr 1992 (Übereinkommen zum Schutz der Meeresumwelt des Ostseegebietes und des Nordostatlantiks) existiert vor allem die Wasserrahmenrichtlinie der EG aus dem Jahr 2000. Sie hat zum Ziel die Verbesserung des Zustandes aller europäischen Gewässer und fasst eine Reihe der zuvor erlassenen Richtlinien auf dem Gebiet des Gewässerschutzes zusammen. In der Bundesrepublik Deutschland sah man den Schutz der Gewässer lange Zeit als staatliche, nicht aber als kommunale Aufgabe an[189]. Mit dem Erlass des Wasserhaushaltsgesetzes aus dem Jahr 1957 und den Landeswassergesetzen wird deutlich, dass die entscheidenden Regeln zum Gewässerschutz nicht im Bauplanungsrecht zu finden sind. Insbesondere das BauGB

---

[188] zu allem: http://www.umweltbundesamt-daten-zur-umwelt.de/umweltdaten/public/theme.do?nodeIdent=2255 am 31. Oktober 2010.
[189] Lübbe-Wolf/Wegener, Rn. 179.

bietet in dieser Hinsicht nur begrenzte Möglichkeiten. Erst im Jahr 1998 sind die Festsetzungsmöglichkeiten durch § 9 Abs. 1 Ziff. 14, 16 und 20 entscheidend erweitert worden[190].

a) Allgemeine Festsetzungsmöglichkeiten

Mit § 9 Abs. 1 Ziff. 15 (eventuell zusammen mit Ziff. 25a) BauGB – Festsetzung von öffentlichen und privaten Grünflächen – kann die Gemeinde das städtebauliche Ziel der Niederschlagsbindung und der lokalen Grundwasserneubildung erreichen[191]. Insgesamt kann eine solche Festsetzung auch Bestandteil eines Konzepts zur Oberflächenentwässerung sein[192].

In Frage kommt ferner die Festsetzungsmöglichkeit des § 9 Abs. 1 Ziff. 24. Danach können einzelne Flächen zum Schutz empfindlicher Grundwasservorkommen freigehalten werden.

Ferner wird in der Literatur die Festsetzungsmöglichkeit des § 9 Abs. 1 Ziff. 25 BauGB vorgeschlagen. Danach kommen Bindungen für die Erhaltung von Gewässern in Betracht[193]. Nach a) kann die Pflanzung standortgerechter Laubgehölze die Gewässerrandstreifen sichern und zudem zur Verbesserung der Biotopstruktur beitragen. Ferner kann zum Beispiel die Festsetzung nach b) die Erhaltung von naturnahen Gehölzstreifen oder die Anlage von Pufferzonen entlang von Gewässern sinnvoll sein oder aber eine Fläche, die von der Bebauung freizuhalten ist. Sinnvoll ist dies deshalb, weil dadurch den Gewässern genügend Platz für eine schrittweise Entwicklung natürlicher Gewässerstrukturen gegeben wird.

Die Erhaltung eines Gewässers an sich erscheint allerdings nur dann erstrebenswert, wenn es bereits vorhanden ist, sich in einem Zustand befindet, der als erhaltenswert anzusehen ist und für das eine entsprechende wasserrechtliche Regelung nicht getroffen worden ist[194]. In Betracht kommen dann Festsetzungskombinationen des § 9 Abs. 1 Ziff. 10, 15, 16, 20 oder 24[195].

---

[190] Lübbe-Wolf/Wegener, Rn. 179.
[191] Brügelmann-*Gierke*, BauGB, § 9, Rn. 296.
[192] BVerwG, NVwZ 2002, 202 (202 ff.).
[193] Lübbe-Wolf/Wegener, 187.
[194] Schwier, Handbuch Bebauungsplan, Rn. 29.8.80.
[195] Schwier, Handbuch Bebauungsplan, Rn. 29.8.81.

b) Spezielle Festsetzungsmöglichkeiten

Wie unten noch näher erläutert wird, kann die Gemeinde u.a. gemäß § 9 Abs. 1 Ziff. 14 BauGB Flächen für die Abwasserbeseitigung, einschließlich der Rückhaltung und Versickerung von Niederschlagswasser, festsetzen[196].

Mit der Festsetzung nach Ziff. 16 (auch in Verbindung mit Ziff. 11) können Wasserflächen sowie die Flächen für die Wasserwirtschaft, für Hochwasserschutzanlagen und die für die Regelung des Wasserabflusses in einem Bebauungsplan dargestellt werden. Hieraus wird deutlich, dass diese Festsetzung speziell dem Schutz der Gewässer dienlich ist und den Wasserhaushalt positiv beeinflussen kann. Flächen für die Regelung des Wasserabflusses können beispielsweise Straßengräben sowie Gebote, zum Wegebau nur wasserdurchlässige Materialien zu verwenden, sein[197].

Denkbar sind nicht zuletzt Gewässerrenaturierungen als Ausgleichsmaßnahme im Sinne des § 9 Abs. 1 Ziff. 20 BauGB. Eine weitere Möglichkeit besteht danach des Weiteren in der Festsetzung hinsichtlich der getrennten Abführung und Versickerung von Regenwasser[198].

7. Technischer Umweltschutz

Nicht zuletzt ist es den Gemeinden möglich, in einem gewissen Rahmen technische Vorkehrungen für den Umweltschutz in der Bauleitplanung zu treffen. Diese umfassen Darstellungen für die Abwasser- und Abfallbeseitigung. Zentrale Vorschriften sind dabei § 9 Abs. 1 Ziff. 12 und 14 BauGB.

Nach Ziff. 12 können Versorgungsflächen festgesetzt werden, wozu Flächen für Anlagen der Wasserversorgung wie zum Beispiel Wasserwerke, Pumpwerke, Wasserspeicher und Brunnen gehören. Daneben können nach Ziff. 4 Flächen für Nebenanlagen, „die auf Grund anderer Vorschriften für die Nutzung von Grundstücken erforderlich sind", festgesetzt werden, insbesondere für Abfallbehälter oder für Abwasseranlagen[199].

Nach § 9 Abs. 1 Ziff. 14 BauGB können darüber hinaus Flächen für die Abfall- und Abwasserbeseitigung, einschließlich der Rückhaltung und Versickerung von Niederschlagswasser, sowie für Ablagerungen im Bebauungsplan festgesetzt werden und formuliert damit insgesamt drei Alternativen.

---

[196] siehe Ausführungen unter Punkt B. II. 7.
[197] vgl. nur OVG Münster, NuR 1998, 461 (461); Lübbe-Wolf/Wegener, Rn. 186.
[198] vgl. Ausführungen unter B. II. 7.
[199] Koch-*Herrmann*, Umweltrecht, § 13, Rn. 81.

Für die Festsetzung von Flächen für die Abfallentsorgung besteht nur wenig Raum, da hier zumeist die Regelungen des Kreislaufwirtschafts- und Abfallgesetzes[200] vorrangig sind, wie aus der Vorschrift des § 2 Krw-/AbfG deutlich wird. Denkbar sind solche Festsetzungen allenfalls für kleine Anlagen, die in den Abfallentsorgungsplänen nach § 29 Krw-/AbfG in Verbindung mit den landesrechtlichen Vorschriften nicht enthalten sind und für die es keiner Genehmigung nach dem BImSchG bedarf[201].

Die zweite Alternative der Ziff. 14 zur Beseitigung von Abwasser ist dagegen um einiges relevanter. Abwasser im Sinne des § 2 Abs. 1 Abwasserabgabengesetz[202] sind das durch häuslichen, gewerblichen, landwirtschaftlichen oder sonstigen Gebrauch in seinen Eigenschaften veränderte und das bei Trockenwetter damit zusammen abfließende Wasser (Schmutzwasser) sowie das von Niederschlägen aus dem Bereich von bebauten oder befestigten Flächen abfließende und gesammelte Wasser (Niederschlagswasser). Als Schmutzwasser gelten auch die aus Anlagen zum Behandeln, Lagern und Ablagern von Abfällen austretenden und gesammelten Flüssigkeiten. Die Abwasserbeseitigung ist dabei eine Einrichtung, die dazu dient, die Schädlichkeit des Abwassers zu vermindern oder zu beseitigen. Es steht ihr ferner eine Einrichtung gleich, die dazu dient, die Entstehung von Abwasser ganz oder teilweise zu verhindern, vgl. dazu § 2 Abs. 3 AbwAG. Mit Hilfe dieser Festsetzungsmöglichkeit können daher zum Beispiel kommunale Kläranlagen, Rieselfelder und Pumpstationen in Bebauungsplänen dargestellt werden[203].

Ferner besteht die Möglichkeit, Flächen für die Rückhaltung und Versickerung von Niederschlagswasser festzusetzen. Nach der Rechtsprechung des Bundesverwaltungsgerichts ist dies auch auf privaten Flächen zulässig und grundsätzlich mit Art. 14 GG vereinbar[204]. In einem weiteren Urteil des Bundesverwaltungsgerichts[205] müsse dem Bebauungsplan sogar ein Erschließungskonzept zugrunde liegen, nach dem das Niederschlagswasser innerhalb und außerhalb des zu überplanenden Gebietes beseitigt werden kann, ohne Schäden für Gesundheit und Eigentum hervorzurufen. Deshalb müsse schon vor der Aufstellung solcher Bebauungspläne geprüft werden, ob die wasserrechtlichen Voraussetzungen eine Niederschlagswasserbewirtschaftung gegeben sind. Die Gemeinden sollen ferner auch die Abflussgräben, sofern sie über Privatgrundstücke führen, als Leitungsrechte zugunsten der

---

[200] im Folgenden Krw-/AbfG.
[201] vgl. auch Schwier, Handbuch Bebauungsplan, Rn. 27.2 ff.
[202] im Folgenden AbwAG.
[203] Battis/Krautzberger/Löhr-*Löhr*, § 9, Rn. 56; Schwier, Handbuch Bebauungsplan, Rn. 27.3.33.
[204] BVerwG, NVwZ 2002, 202 (203).
[205] BVerwG, BauR 2002, 1650 (1650 ff.).

Stadt im Bebauungsplan festsetzen. Für die Festsetzung eines solchen Entwässerungssystems sieht der Katalog des § 9 Abs. 1 BauGB keine bestimmten Möglichkeiten vor. Nach der Rechtsprechung des Bundesverwaltungsgerichts[206] kann dies allerdings in Kombination verschiedener Festsetzungen ermöglicht werden, da der Gemeinde kein „Festsetzungserfindungsrecht" zustehe. Möglich ist eine Festsetzung, nach der das von den bebauten und befestigten Flächen abfließende Niederschlagswasser nicht in eine Abwasseranlage fließt, sondern vielmehr gesammelt wird und innerhalb des überplanten Gebietes versickern und verdunsten kann. So etwas kann durch eine Kombination der Ziff. 20[207] sowie 14 und 15 erreicht werden[208]. Konkret ist ferner beispielsweise das Anlegen von privaten und straßenbegleitenden Mulden in Erwägung zu ziehen. Sie tragen zur Neubildung von Grundwasser und zu einer besseren Qualität des Grundwassers bei, da Schadstoffe gefiltert werden können. In der Anlage von Versickerungsmulden wird zudem ein weiterer wichtiger Beitrag zum Schutz des Grundwassers gesehen, da hierdurch eine Versiegelung entsprechender Flächen verhindert wird.

Mit einem solchen Entwässerungskonzept kann die Gemeinde auch erreichen, dass eine intensivere Nutzung zur Schonung und Einsparung von Frischwasser ermöglicht und zudem eine Entlastung von Abwasseranlagen erreicht werden kann[209].

Die dritte Festsetzungsalternative der Ziff. 14 – Ablagerungen – hat eher eine Auffangfunktion und bietet nur ein geringes Anwendungsspektrum. Danach können solche Flächen nur festgesetzt werden, wenn die Deponierung bestimmter Ablagerungen solche sind, die nicht Abfall im Sinne des Abfallrechts sind, von deren unbeaufsichtigter Ablagerung keine Gefahr ausgehen kann und die auf absehbare Zeit entsorgt werden sollen[210].

III. Das Gebot gerechter Abwägung gemäß § 1 Abs. 7 BauGB

Die planerische Gestaltungsfreiheit der Gemeinden kann nicht unbegrenzt gelten. Im BauGB sind eine Reihe von Planungsschranken eingebaut, die es stets von Seiten der Gemeinden zu beachten gilt. Hierzu gehören die Gebote der Entwicklung aus dem Flächennutzungsplan, § 8 Abs. 2 Satz 1 BauGB, der Anpassung an Ziele der Raumordnung, § 1 Abs. 4 BauGB, sowie der Erforderlichkeit der Aufstellung eines Bauleitplans, § 1 Abs. 3 Satz 1 BauGB, und das sogenannte Gebot der gerechten Abwägung, § 1 Abs. 7 BauGB.

---

[206] BVerwGE 115, 77 (77 ff.).
[207] BVerwGE 115, 77 (81).
[208] Battis/Krautzberger/Löhr-*Löhr*, BauGB, § 9, Rn. 56.
[209] Battis/Krautzberger/Löhr-*Löhr*, BauGB, § 9, Rn. 56.
[210] Schwier, Handbuch Bebauungsplan, Rn. 27.6.

Letztere Planungsschranke ist deshalb relevant, da bei der Bauleitplanung regelmäßig nicht nur Eigentumsrechte Dritter betroffen sind, sondern auch u.a. Belange des Umweltschutzes, Wirtschaftsbelange, soziale und kulturelle Belange. Die Vorschrift des § 1 Abs. 7 BauGB verlangt aus diesem Grund, dass bei der Aufstellung der Bauleitpläne die öffentlichen und privaten Belange gegeneinander und gerecht abzuwägen sind. Hierzu hat das Bundesverwaltungsgericht in seiner Flachglasentscheidung[211] vier Kriterien formuliert:

„[…] Das Gebot gerechter Abwägung ist verletzt, wenn eine (sachgerechte) Abwägung überhaupt nicht stattfindet. Es ist verletzt, wenn in die Abwägung an Belangen nicht eingestellt wird, was nach Lage der Dinge in sie eingestellt werden muss. Es ist ferner verletzt, wenn die Bedeutung der betroffenen privaten Belange verkannt oder wenn der Ausgleich zwischen den von der Planung berührten öffentlichen Belangen in einer Weise vorgenommen wird, der zur objektiven Gewichtigkeit einzelner Belange außer Verhältnis steht […].“

Das bedeutet wiederum im Umkehrschluss für die Gemeinden, dass bei der Planaufstellung überhaupt eine Abwägung stattfinden muss (wenn nicht: Abwägungsausfall), solche Belange in die Abwägung eingestellt werden, wenn sie nach Lage der Dinge eingestellt werden müssen (wenn nicht: Abwägungsdefizit), die abwägungsrelevanten Belange zutreffend gewichtet werden müssen (wenn nicht: Abwägungsfehleinschätzung) und dass ein vertretbarer Ausgleich der berührten Belange hergestellt werden muss (wenn nicht: Abwägungsdisproportionalität)[212]. Das Abwägungsgebot gilt als *das* zentrale Element zur Steuerung der planerischen Gestaltungsfreiheit der Gemeinde. Bei ihm geht es letztlich um die Wahrung des Grundsatzes der Verhältnismäßigkeit[213]: In der Planung soll ein angemessener Ausgleich zwischen den von der Planung berührten Belangen herbeigeführt werden, wobei der Gemeinde ein erheblicher Abwägungsspielraum eröffnet ist. Die planerische Gestaltungsfreiheit findet erst dort ihre Grenzen, wenn der gefundene Ausgleich außer Verhältnis zum objektiven Gewicht der Belange steht.

Nach der ständigen Rechtsprechung des Bundesverwaltungsgerichts[214] und teilweise Ansicht der Literatur[215] sind diese Anforderungen grundsätzlich sowohl an den Abwägungsvorgang – die Begründung des Plans – als auch an das Abwägungsergebnis – der Plan selbst – zu

---

[211] BVerwGE 45, 301 (309).
[212] vgl. dazu Koch/Hendler, Baurecht, § 17, Rn. 14; Sendler, UPR 1995, 41 (41).
[213] Kuschnerus, BauR 1998, 1 (2).
[214] vgl. BVerwGE 41, 67 (71); E 45, 309 (312ff.); E 47, 144 (146 f.); E 64, 33 (35).
[215] Kuschnerus, BauR 1998, 1 (2).

richten. Andere Teile Literatur[216] vertreten dagegen, dass nur der Abwägungsvorgang zu kontrollieren sei und dass bei einer gerechten Abwägung der Gemeinde der Plan notwendigerweise dem Gebot der gerechten Abwägung genüge, da es eine gerechte Begründung gebe. Auf diese Auseinandersetzung soll hier nicht näher eingegangen werden. Genauso wie auf die Folgen einer fehlerhaften Abwägung[217], die zu einer Ausuferung dieser Darstellung führen würde. Vielmehr soll der Fokus der Erläuterungen auf die abwägungserheblichen Belange des Umweltschutzes und deren Gewichtung gelegt werden.

1. Planungsleitsätze und Optimierungsgebote

Grundsätzlich sind zunächst alle von der Gemeinde zu beachtenden Belange als abstrakt gleichrangig anzusehen[218]. Von diesem Grundsatz sind jedoch im Laufe der Zeit sowohl Rechtsprechung als auch Literatur abgekommen. Es haben sich dabei Begriffe wie Planungsleitsätze und Optimierungsgebote herausgebildet, welche die Abwägung entscheidend beeinflussen.

Unter Planungsleitsätzen versteht man striktes bzw. zwingendes Recht, das der Abwägung von außen Grenzen setzt. Laut Bundesverwaltungsgericht[219] können diese „nicht im Rahmen der planerischen Abwägung überwunden" werden. Sie sind verbindliche Rechtsvorschriften, stellen vorrangiges Recht dar und sind daher einer Abwägung gar nicht erst zugänglich. Dies wird als zulässige Einschränkung der Planungshoheit der Gemeinden verstanden.

Unter Optimierungsgeboten versteht man hingegen solche Belange, denen ein relativer abstrakter Vorrang mit der Folge zugesprochen wird, dass die abwägende Zurückstellung bzw. Überwindung solcher Belange Argumente besonderen Gewichts bedarf[220]. Nach der Rechtsprechung des Bundesverwaltungsgerichts[221] besteht die Bedeutung darin, dass die in den Optimierungsgeboten enthaltenen Zielvorgaben ein besonderes Gewicht beizumessen ist und letztendlich die planerische Gestaltungsfreiheit eingeschränkt wird. Hieraus wird deutlich, dass die Rechtsprechung doch eher zurückhaltend ist, was die Zuordnung einzelner Normen / Belange zu Optimierungsgeboten anbelangt. Es sollen nur wenige

---

[216] Koch/Hendler, Baurecht, § 17, Rn. 64 ff.
[217] vgl. dazu §§ 214 ff. BauGB.
[218] BVerwG, NuR 1997, 543 (544); Kuschnerus, BauR 1998, 1 (4); Koch/Schütte, DVBl. 1997, 1415 (1419); Koch, Die Verwaltung 1998, 505 (513).
[219] BVerwGE 71, 163 (165).
[220] Koch/Hendler, Baurecht, § 17 Rn. 35 ff.; Stüer, Bebauungsplan, Rn. 662 f.
[221] BVerwGE 71, 163 (165).

abwägungserhebliche Belange in den Genuss kommen, ein besonderes Gewicht in der Abwägung zu haben.

2. Umweltbelange in der Abwägung

Einzelne Belange des Umweltschutzes werden in § 1 Abs. 6 Ziff. 7 BauGB aufgeführt. Das Wort „insbesondere" kennzeichnet dabei, dass die dort genannten Belange nicht abschließend aufgezählt sind[222]. Im Weiteren sollen die dort aufgezählten und weiterer Belange des Umweltschutzes näher erläutert und vor allem im Hinblick auf eine etwaige Zuordnung als Optimierungsgebot oder Planungsleitsatz untersucht werden.

a) Immissionen

Wie bereits oben erläutert[223], kommt dem Trennungsgebot nach § 50 BImSchG vor allem im Immissionsschutz besondere Bedeutung zu. Nach der Rechtsprechung des Bundesverwaltungsgerichts[224] und der Literatur[225] hat dieses den Rang eines Optimierungsgebotes inne. Es diene dem Schutz von Wohn- und sonstigen schutzbedürftigen Gebieten vor schädlichen Umwelteinwirkungen, welcher dem Wortlaut nach „soweit wie möglich" Rechnung getragen werden müsse.

Den Rang eines Planungsleitsatzes haben dagegen die §§ 41 ff. BImSchG in Verbindung mit der 16. Verordnung zur Durchführung des Bundes-Immissionsschutzgesetzes[226] (Verkehrslärmschutzverordnung) und der 24. BImSchV (Verkehrswege-Schallschutzmaßnahmenverordnung) inne[227]. Gemäß § 41 Abs. 1 BImSchG ist bei dem Bau oder der wesentlichen Änderung öffentlicher Straßenwege sowie von Eisenbahnen, Magnetschwebebahnen und Straßenbahnen unbeschadet des § 50 BImSchG sicherzustellen, dass durch diese keine schädlichen Umwelteinwirkungen durch Verkehrsgeräusche hervorgerufen werden können, die nach dem Stand der Technik vermeidbar sind. Nach Abs. 2 soll diese Vorschrift nicht gelten, wenn die Kosten der Schutzmaßnahme außer Verhältnis zu dem angestrebten Schutzzweck stehen würden. Anzunehmen ist das etwa bei (geringfügiger)

---

[222] Koch, Die Verwaltung 2004, 539 (541); Mitschang, DÖV 2000, 14 (16).
[223] vgl. unter Punkt B. II. 3. b).
[224] BVerwGE 71, 163 (165); VGH München, NuR 2001, 465 (467).
[225] Jarass, BImSchG, § 50, Rn. 35; Schink, NVwZ 2003, 1041 (1043); Ziekow, BayVBl. 2000, 325 (325);
[226] Im Folgenden BImSchV.
[227] Lübbe-Wolf/Wegener, Rn. 78; Schink, NVwZ 2003, 1041 (1045); Koch, FS Hoppe, 549 (565 f.).

Überschreitung der Grenzwerte und wenn nur sehr wenige Personen betroffen sind[228]. Es könne dann zu Gunsten passiver Schallschutzmaßnahmen auf aktive verzichtet werden[229].

Die Rechtsprechung des Bundesverwaltungsgerichts zu § 41 Abs. 2 BImSchG dagegen ist uneinheitlich. Der 4. Senat[230] nimmt – zusammen mit Teilen der Literatur[231] – an, dass die in § 41 Abs. 2 BImSchG erfolgte Konkretisierung des Verhältnismäßigkeitsgrundsatzes durch den Gesetzgeber als strikter Planungsleitsatz zu verstehen und daher keiner planerischen Abwägung zugänglich sei. Der 11. Senat des Bundesverwaltungsgerichts[232] hat hingegen zunächst ausgeführt, dass auch öffentliche Belange beispielsweise des Landschaftsschutzes und der Stadtbildpflege oder private Belange Dritter der Ausschöpfung aller technischen Möglichkeiten des aktiven Schallschutzes entgegenstehen könnten. Diese Auffassung stellte der 11. Senat jedoch wieder in Frage[233] und hatte es zuletzt offen gelassen, ob § 41 Abs. 2 BImSchG als strikter Planungsleitsatz einzuordnen sei oder nicht[234].

Im Hinblick auf den Schutz vor Verkehrslärm ist die eben genannte 16. BImSchV von besonderer Bedeutung. Die dort genannten Immissionswerte sind als verbindliche Planungsleitsätze und damit als striktes Recht von den Gemeinden bei der Aufstellung der Bauleitpläne zu beachten und können in der Abwägung nicht überwunden werden[235]. Sollte die Erheblichkeitsschwelle nicht erreicht werden und die 16. BImSchV nicht zur Anwendung kommen, hat die planende Gemeinde dennoch im Rahmen der Abwägung Verkehrsbelästigungen zu berücksichtigen. So hat es das OVG Lüneburg[236] als abwägungsfehlerhaft angesehen, wenn die Gemeinde die Auswirkungen des Verkehrslärms durch ein neues Gewerbegebiet für die bereits bestehende Wohnbebauung nicht berücksichtigt.

Nach der Rechtsprechung des BVerwG[237] ist auch eine Lärmbelästigung, die unterhalb der Erheblichkeitsschwelle bleibt, in der Abwägung nach Maßgabe der konkreten Verhältnisse

---

[228] Jarass, BlmSchG, § 41, Rn. 51.
[229] Schink, NVwZ 2003, 1041 (1045).
[230] BVerwGE 108, 248 (256); BVerwG, BauR 1999, 867 (871).
[231] Ziekow, BayVBl. 2000, 325 (330)
[232] BVerwGE 104, 123 (139).
[233] BVerwG, NVwZ-RR 1999, 725 (727).
[234] BVerwGE 110, 370 (381 ff.).
[235] BVerwG, NJW 1995, 2572 (2572); Koch, FS Hoppe, 549 (565 f.); Uechtritz, FS Hoppe, 567 (575).
[236] OVG Lüneburg, NVwZ-RR 2001, 499 (499 ff.).
[237] BVerwG, NJW 1992, 2844 (2844).

des Einzelfalls zu berücksichtigen. Orientierungswerte liefern dabei die TA Lärm und die DIN 18005[238].

b) Natur und Landschaft

An sich genießen die Belange des Natur- und Landschaftsschutzes keinen abstrakten Vorrang vor den anderen Belangen, so das Bundesverwaltungsgericht[239] und Teile der Literatur[240]; sie hätten lediglich herausgehobene Bedeutung. Dennoch existieren im BauGB und BNatSchG einige Regelungen, die bedeutenden Einfluss auf die Abwägung nehmen können und müssen.

aa) Die Eingriffsregelung

Eine zentrale Fragestellung betrifft die Bedeutung der Eingriffsregelung im Rahmen der Abwägung. Gemäß § 1a Abs. 3 Satz 1 BauGB sind die Vermeidung und der Ausgleich voraussichtlich erheblicher Beeinträchtigungen des Landschaftsbildes sowie der Leistungs- und Funktionsfähigkeit des Naturhaushalts (Eingriffsregelung nach dem BNatSchG) in der Abwägung nach § 1 Abs. 7 BauGB zu berücksichtigen. Aus dieser Regelung lässt sich zunächst herauslesen, dass ein Ausgleich zwischen Naturschutz und Bauleitplanung Ziel jeder Abwägung sein soll[241].

Um die Abwägung nachvollziehbar zu gestalten, sollte stets der volle Vermeidungsumfang und Ausgleichsbedarf ermittelt und in die Abwägung eingestellt werden. Ein einfaches „Wegwägen" der Eingriffsfolgen ist deshalb nicht zulässig. Vielmehr ist „ein optionaler Ausgleich der investiven Interessen mit den Belangen von Natur und Landschaft" herbeizuführen[242]. Dabei bedarf die Zurückstellung der Belange des Naturschutzes und der Landschaftspflege zugunsten anderer gewichtiger Belange einer besonderen Rechtfertigung[243]. Auch das Ergebnis der Umweltprüfung ist in der Abwägung zu berücksichtigen, § 2 Abs. 4 S. 4 BauGB. Sind Eingriffe – wie im Regelfall – zu erwarten, so sind deren Auswirkungen entsprechend § 1 Abs. 6 Nr. 7 a) in Verbindung mit § 1a Abs. 3 Satz 1 BauGB bei der Planung zu berücksichtigen.

Zunächst ist eine umfassende Bestandsaufnahme von Flora und Fauna ist Voraussetzung für eine sachgerechte Abwägung. Im Hinblick auf Naturschutzbelange ist das Abwägungsgebot

---

[238] Uechtritz, FS Hoppe, 567 (584 und 588); vgl. auch Ausführungen unter B. II. 3. a).
[239] BVerwGE 104, 68 (68 ff.).
[240] Krautzberger, NuR 1998, 455 (458).
[241] Koch, Die Verwaltung 1998, 505 (516); Stüer, Bebauungsplan, Rn. 693 m.w.N.
[242] BVerwG, 09. Mai 1997, AZ: 4 N 1.96.
[243] OVG Lüneburg, BauR 2001, 1542 (1543).

verletzt, wenn erforderliche Bestandserhebungen von Flora und Fauna nicht durchgeführt werden. Dabei kann es auch erforderlich sein, über den Bereich des eigentlichen Plangebiets hinaus angrenzende Bereiche in die Bewertung einzubeziehen, wenn sich das Vorhaben darauf auswirken kann[244]. Die Erhebung muss dabei um so intensiver sein, je bedeutsamer die beeinträchtigenden Belange sind und je schwerer der Eingriff wiegt. Ein vorhandener Landschaftsplan kann die erforderlichen Erhebungen auf B-Planebene erheblich reduzieren[245]. Mit welchen Methoden genau Eingriffe in Natur und Landschaft im Einzelnen ermittelt werden, ist nicht vom BauGB festgelegt. Die Kommune muss sich für ein fachgerechtes Bewertungsverfahren entscheiden, das transparent, nachvollziehbar und einfach handhabbar sein sollte[246].

Die Gemeinden sind sodann verpflichtet, das Prüfungsschema der Eingriffsregelung nach §§ 13 ff. BNatSchG abzuarbeiten, wobei nach überwiegender Auffassung[247] hierin kein Optimierungsgebot zu erkennen ist, welches in der Abwägung nur aufgrund besonderer Argumente weggewägt werden könnte. Zwar werde mit § 1a Abs. 3 Satz 1 BauGB die Eingriffsregelung gesondert hervorgehoben und auf das bauleitplanungsrechtliche Abwägungsgebot verwiesen. Damit bringe der Gesetzgeber jedoch lediglich zum Ausdruck, dass die Belange des Naturschutzes und der Landschaftspflege keinen abstrakten Vorrang vor den in der Bauleitplanung zu berücksichtigenden anderen Belangen haben[248].

Das Bundesverwaltungsgericht[249] hat wiederum das in § 14 Abs. 1 BNatSchG enthaltene naturschutzrechtliche Minimierungsgebot für Eingriffe, die zu unvermeidbaren Beeinträchtigungen führen, als ein Optimierungsgebot anerkannt. In einer anderen Entscheidung hat das Bundesverwaltungsgericht[250] hervorgehoben, dass das Vermeidungsgebot die Gemeinden nicht zur Wahl der ökologisch günstigsten Alternative zwinge. Es bestehe nur die Pflicht, die mit dem Eingriff verbundenen Nachteile für Natur und Landschaft nur solche zu unterlassen, die vermeidbar sind.

Das OVG Rheinland-Pfalz [251]hat zur Ausgleichsregelung ausgeführt, dass u.a. der Ausgleich zu erwartender Eingriffe in Natur und Landschaft notwendiger Bestandteil der Abwägung

[244] VGH Kassel, ZUR 1995, 46 (46 ff.).
[245] VGH Kassel, ZUR 1995, 46 (46 ff.).
[246] Louis/Wolf, NuR 2002, 455 (461).
[247] vgl. Krautzberger, NuR 1998, 455 (457 f.) m.w.N. aus der Rspr.
[248] Krautzberger, NuR 1998, 455 (458).
[249] BVerwG, DVBl. 1990, 1185 (1185) nur Leitsatz.
[250] BVerwG, ZfBR 1997, 262 (262).
[251] OVG Koblenz, Urteil vom 6. März 2002, AZ: 8 C 11470/01.

eines Bebauungsplans seien. Für eine ordnungsgemäße Abwägung reiche es nicht aus, wenn die Gemeinde lediglich den erforderlichen Ausgleich ordnungsgemäß feststellt. Darüber hinaus habe sie auch abzuwägen, ob der Ausgleich durch Festsetzungen im Bebauungsplan, städtebauliche Verträge oder sonstige Maßnahmen auf bereitgestellten Flächen erfolgen solle. Zudem sei es nach Ansicht der Rechtsprechung[252] abwägungsfehlerhaft, wenn Ausgleichsfestsetzungen, die nicht das Eingriffsgrundstück selbst betreffen, nicht schon bei der Beschlussfassung über die Satzung seitens der Gemeinde sichergestellt ist, dass spätestens im Zeitpunkt der Planverwirklichung die festgesetzten Maßnahmen tatsächlich und rechtlich durchgeführt werden können.

bb) Europäische Schutzgebiete

Besonderer Aufmerksamkeit bedürfen die Europäischen Schutzgebiete, die sogenannter Vogelschutzgebiete nach der Vogelschutz-Richtlinie[253] aus dem Jahr 1979 und die Flora-Fauna-Habitat-Gebiete nach der FFH-Richtlinie aus dem Jahr 1992.

Nach der VRL müssen die Mitgliedstaaten der Europäischen Union die für die Erhaltung bestimmter Vogelarten am besten geeigneten Gebiete zu besonderen Schutzgebieten erklären, Art. 4 VRL. Nach den Bestimmungen der FFH-Richtlinie sind zur Wiederherstellung oder Bewahrung eines günstigen Erhaltungszustandes natürlicher Lebensräume und Arten gemeinschaftlichen Interesses ebenfalls besondere Schutzgebiete auszuweisen, um ein zusammenhängendes europäisches ökologisches Netz zu schaffen mit dem Namen Natura 2000, Art. 3 Abs. 1 FFH-RL. Hier wird der Gedanke des Biotopverbundes aufgenommen und der Erkenntnis Rechnung getragen, dass die Sicherung der vorhandenen Rückzugsräume vieler Tier- und Pflanzenarten allein nicht ausreicht. Europäische Schutzgebiete besitzen einen eigenen Schutzstatus, der ihnen bei fehlender Ausweisung unabhängig von den nationalen Rechtsvorschriften zusteht.

Umgesetzt sind diese Vorgaben der beiden Richtlinien in das BNatSchG, genauer §§ 31 bis 36 BNatSchG. Darunter ist als strikter Planungsleitsatz § 34 Abs. 2 BNatSchG von den Gemeinden bei Aufstellung eines Bebauungsplans zu beachten[254]. Danach ist ein Projekt unzulässig, dass nach einer Verträglichkeitsprüfung zu erheblichen Beeinträchtigungen eines Europäischen Schutzgebietes in seinen für die Erhaltungsziele oder den Schutzzweck

---

[252] BVerwG, ZfBR 1998, 158 (158); zuletzt auch OVG Koblenz, Urteil vom 06. März 2002, 8 C 11470/01.
[253] im Folgenden VRL.
[254] vgl. nur Stich, WiVerw 2002, 65 (138).

maßgeblichen Bestandteilen führen kann. Das Projekt oder der Plan können nur in einem Abweichungsverfahren zugelassen werden[255].

Aus der Regelung des § 1a Abs. 4 BauGB wird deutlich, dass die Vorschriften des BNatSchG über die Europäischen Schutzgebiete anzuwenden und daher auf nationaler Ebene keiner Abwägung unterworfen, mithin als Planungsleitsatz einzuordnen sind[256].

cc) Artenschutz

Gesetzliche Verbote, die einer Planung entgegenstehen können, ergeben sich beispielsweise aus den landesrechtlichen Umsetzungsnormen zum besonderen Schutz von Biotopen nach § 30 Abs. 1 BNatSchG oder den artenschutzrechtlichen Verboten nach § 44 Abs. 1 BNatSchG[257]. Zulässig ist eine Überplanung gesetzlich geschützter Biotope nur, wenn die Planung mit den gesetzlichen Vorgaben in Einklang steht und nicht zu deren Zerstörung führt, was durch entsprechende Festsetzungen und Darstellungen im Bebauungsplan zu erreichen ist[258]. Die artenschutzrechtlichen Verbote sind dabei keine strikten Planungsleitsätze und sollen vielmehr mittelbar gelten[259]. Grund hierfür sei, dass die Gemeinden mit ihrer Planung lediglich ein Angebot für zukünftige Nutzungen unterbreite, nicht aber schon eine konkrete Beeinträchtigung oder Zerstörung geschützter Arten gestatte. Dennoch hat die Gemeinde bei der Aufstellung der Bauleitpläne die Belange des Artenschutzes zu beachten, da ein Bebauungsplan nur dann Wirksamkeit entfaltet, wenn er auch tatsächlich verwirklicht werden kann. Nach der Rechtsprechung[260] verstoße eine Bauleitplanung gegen das Gebot der Erforderlichkeit, wenn sich herausstellt, dass die entgegenstehenden naturschutzrechtlichen Bestimmungen als dauerhaft rechtliches Hindernis zur Realisierung des Plans anzusehen seien.

c) Boden

Wie oben bereits erläutert[261], spielt der Bodenschutz eine herausragende Rolle, die durch das Gebot des sparsamen und schonenden Umgangs mit Grund und Boden in § 1a Abs. 2 Satz 1 BauGB besonders deutlich wird. In jüngster Zeit hat das Bundesverwaltungsgericht daher auch die in § 1 Abs. 5 Satz 3 BauGB normierte Bodenschutzklausel als Optimierungsgebot

---

[255] Louis/Wolf, NuR 2002, 455 (456).
[256] Louis/Wolf, NuR 2002, 455 (457).
[257] BVerwG, NuR 1998, 135 (136).
[258] Louis/Wolf, NuR 2002, 455 (455).
[259] vgl. Spannowsky/Hofmeister, Seite 54 m.w.N. aus Rspr und Lit.
[260] BVerwG, NuR 1998, 136 (136); OVG Koblenz, NVwZ-RR 2008, 514 (515 ff.).
[261] vgl. B. II. 5. a).

eingeordnet[262]; dem hat sich die Literatur angeschlossen[263]. Grund hierfür ist, dass der Bodenschutz nicht nur im Belangekatalog des § 1 Abs. 6 Ziff. 7 BauGB erwähnt wird, sondern nochmals herausgegriffen und in § 1a Abs. 2 Satz 1 BauGB gesondert hervorgehoben wird[264].

Darüber hinaus können als strikt zu beachtendes Recht beispielsweise Verordnungen einer Bauleitplanung entgegenstehen, die auf der Grundlage des § 21 Abs. 3 BBodSchG erlassen worden sind. Danach können die Länder Gebiete, in denen flächenhaft schädliche Bodenveränderungen auftreten oder zu erwarten sind, und die dort zu ergreifenden Maßnahmen bestimmen sowie Regelungen über gebietsbezogene Maßnahmen des Bodenschutzes treffen.

Im Zusammenspiel mit dem Naturschutzrecht und dem Bodenschutzrecht kann ein in der Abwägung strikt zu beachtender Planungsleitsatz eine Naturschutzgebietsverordnung nach § 17 Abs. 1 Ziff. 2 BNatSchG sein, welche einen Schutz aus wissenschaftlichen, naturgeschichtlichen oder landeskundlichen Gründen zulässt, vgl. dazu § 2 Ziff. 2 BBodSchG.

d) Wasser

Auf dem Gebiet des Gewässerschutzes lassen sich ebenfalls eine Reihe von Optimierungsgeboten finden, welche gar nicht oder nur schwer in der Abwägung der Gemeinde zu überwinden sind.

Als „Grundsatznorm" des Wasserrechts hat man § 1a Abs. 1 WHG a.F. angesehen und ihr den Rang eines Optimierungsgebotes zugestanden[265]. Heute geht diese Norm in § 1 WHG n.F. auf: danach ist Zweck dieses Gesetzes durch eine nachhaltige Gewässerbewirtschaftung die Gewässer als Bestandteil des Naturhaushalts, als Lebensgrundlage des Menschen, als Lebensraum für Tiere und Pflanzen sowie als nutzbares Gut zu schützen.

Als bei der Abwägung zu beachtendes Recht sind des Weiteren die wasserwirtschaftlichen Maßnahmenprogramme nach § 82 WHG n.F. und die Bewirtschaftungspläne nach § 83 WHG n.F. anzusehen. Wasserwirtschaftliche Maßnahmenprogramme werden für eine ganze Flussgebietseinheit aufgestellt (vgl. § 3 Ziff. 15 in Verbindung mit § 7 WHG n.F.) und

---

[262] BVerwGE 90, 329 (332).
[263] Louis/Wolf, NuR 2002, 61 (63); Sendler, UPR 1995, 41 (44); Lübbe-Wolf/Wegener, Rn. 141.
[264] Koch/Hendler, Baurecht, § 17, Rn. 41; BVerwGE 90, 329 (332).
[265] Lübbe-Wolf/Wegener, Rn. 182.

beinhalten grundlegende und ergänzende Maßnahmen, welche zum Ziel der Verbesserung des Gewässerzustandes hin zu einem guten Zustand (vgl. Bewirtschaftungsziele nach §§ 27 bis 31, 44 und 47 WHG n.F.) beitragen sollen. Bewirtschaftungspläne hingegen sind nach Maßgabe des § 83 Abs. 2 und 3 WHG n.F. um einiges detaillierter und enthalten bestimmte vorgeschriebene Angaben. Während die Maßnahmenprogramme keine zwingenden Anforderungen festsetzen und bei der Abwägung lediglich zu berücksichtigen sind, verhält sich dies bei den Bewirtschaftungsplänen anders: sie besitzen in den meisten Bundesländern für behördliche Entscheidungen, und damit auch bei der Bauleitplanung, eine verbindliche Wirkung[266].

3. Sonstige Abwägungsregeln

Zu den weiteren – vom Bundesverwaltungsgericht entwickelten – Abwägungsregeln zählen das Gebot der Rücksichtnahme und das Gebot der Konfliktbewältigung. Nach Ansicht der Literatur konkretisieren sie jedoch lediglich das Gebot der gerechten Abwägung gemäß § 1 Abs. 7 BauGB[267].

Das Gebot der Rücksichtnahme ist durch den Hagenbeck-Fall[268] bekannt geworden und vergleichbar mit dem Verhältnismäßigkeitsgrundsatz[269]. Danach habe man im Rahmen der Bauleitplanung auf nachteilig betroffene Belange nach Möglichkeit Rücksicht zu nehmen[270]. Nicht nur in der Literatur[271] hat man dieser Abwägungsregel keinen selbständigen Gehalt zuerkannt, auch in der jüngeren Zeit hat das Bundesverwaltungsgericht[272] wieder Abstand vom Gebot der Rücksichtnahme genommen und sieht keinen Raum mehr neben dem allgemeinen Gebot gerechter Abwägung.

Das Gebot der Konfliktbewältigung findet seine Wurzeln im Abwägungsgebot[273]. Es ist ebenfalls durch das erwähnte Hagenbeck-Urteil bekannt geworden und besagt, dass die Gemeinde alle der Planung zuzurechnenden Konflikte in der Abwägung einem gerechten Ausgleich zuzuführen hat[274]. Nach dem Grundsatz der planerischen Zurückhaltung ist es wiederum nicht ausgeschlossen, dass die Gemeinden die Möglichkeit haben, Konflikte auf

---

[266] Lübbe-Wolf/Wegener, Rn. 181.
[267] Koch/Hendler, Baurecht, § 17 Rn. 47 ff.
[268] BVerwGE 47, 144 (144 ff.).
[269] Koch/Hendler, Baurecht, § 17 Rn. 48; Stüer, Bebauungsplan, Rn. 907.
[270] Stüer, Bebauungsplan, Rn. 907 m.w.N. aus der Lit.
[271] Koch/Hendler, Baurecht, § 17 Rn. 51.
[272] BVerwGE 107, 215 (215 ff.).
[273] Stüer, Bebauungsplan, Rn. 884 m.w.N. aus der Rspr.
[274] BVerwGE 57, 297 (300).

eine konkretere Planungsebene oder das Baugenehmigungsverfahren zu verlagern, wenn der Konflikt dort gelöst werden kann[275]. Daher dürfen die Gemeinden von einer abschließenden Konfliktbewältigung Abstand nehmen, wenn der Plan tatsächlich realisierbar ist[276]. Unzulässig ist ein solcher Konflikttransfer daher in jedem Fall dann, wenn bereits im Planungsstadium absehbar ist, dass der offen gelassene Konflikt in einem nachfolgenden Verfahren nicht gelöst werden kann[277].

C. Schlussbetrachtung

In Anbetracht der vorstehenden Erläuterungen ergibt sich insgesamt ein positives Bild, was den Einbezug des Umweltschutzes in der Bauleitplanung anbelangt. In den Bereichen Klima-, Immissions-, Natur- und Landschafts-, Boden- sowie Gewässerschutz haben die Vorschriften ein hohes Niveau inne und bieten den Gemeinden eine Fülle an Möglichkeiten, die Bauleitplanung im Einklang mit Umweltschutzbelangen auszuführen.

Insbesondere der Katalog des § 9 Abs. 1 BauGB, der sich seit den 70er Jahren stets auch zugunsten der Umweltbelange fortentwickelt hat, sei hier besonders erwähnt. Es hat sich gezeigt, dass der Schutz dieser die wichtigsten Bereiche bilden, in denen die Gemeinde umweltbezogene Aussagen in der Bauleitplanung treffen kann.

Dem Klimaschutz kann seit der Einführung des § 1 Abs. 5 Satz 2 BauGB durch das Europarechtsanpassungsgesetz Bau 2004 und der damit verbundenen Möglichkeit, das „allgemeine" Klima zu schützen, Rechnung getragen werden. Einen großen Beitrag leisten dazu auch die Festsetzungsmöglichkeiten im Hinblick auf die erneuerbaren Energien, speziell der Sonnenergie nach § 9 Abs. 1 Ziff. 23b) BauGB.

Im Bereich des Immissionsschutzes wird deutlich, dass auch andere Regelwerke, insbesondere das BImSchG, eine Wechselwirkung zum BauGB ausüben und sich beide gegenseitig beeinflussen. An dieser Stelle sei nochmals auf das Trennungsgebot nach § 50 BImSchG hingewiesen, welches insbesondere den Vorsorgegedanken in den Mittelpunkt stellt und diesen Gedanken auf die Bauleitplanung überträgt. Spezielle Festsetzungsmöglichkeiten wie die des § 9 Abs. 1 Ziff. 23a) und 24 BauGB können zu einem effektiven Schutz gegen schädliche Luft- und Lärmimmissionen beitragen.

---

[275] Louis/Wolf, NuR 2002, 455 (455).
[276] BVerwGE 69, 30 (35).
[277] BVerwG, BayVBl. 1995, 158 (158).

Besonders im Mittelpunkt der Bauleitplanung stehen die Vorschriften zum Schutz von Natur und Landschaft. Auch hier wird wieder das Zusammenspiel zweier verschiedener Rechtsbereiche deutlich: Dass des Baurechts und dass des Naturschutzrechts. Die naturschutzrechtliche Eingriffsregelung hat bereits im Jahr 1993 Einzug in das BauGB erhalten und seine endgültige Etablierung im Jahr 1998 erfahren. Der Katalog des § 9 Abs. 1 BauGB enthält wiederum Festsetzungsmöglichkeiten, die dem Natur- und Landschaftsschutz mittelbar oder unmittelbar dienlich sein können. Insbesondere die Ausgleichsmaßnahmen nach Ziff. 20 und den Möglichkeiten einer räumlichen und zeitlichen Entkopplung vom baulichen Eingriff wirken sich auf die Bauleitplanung dergestalt aus, dass eine gewisse Flexibilität erreicht wird. Vor allem das sogenannte Öko-Konto in Verbindung mit einem Flächenpool kann dazu beitragen, dass Naturschutzprojekte der Gemeinden in Form von beispielsweise Grüngürteln oder Erweiterung von bestehenden Biotopen erfolgreich in die Tat umgesetzt werden.

Die Ressource, die ganz besonders unter der Bauleitplanung „leidet", ist der Boden. Doch auch hier hat der Gesetzgeber eine Reihe an Möglichkeiten und „Appellen" geschaffen, um eine größtmögliche Schonung zu erreichen und die Versiegelung von Flächen zu verhindern. Gleichzeitig führt ein erfolgreicher Bodenschutz zu einem erfolgreichen Natur- und Landschaftsschutz, womit abermals das Zusammenspiel verschiedener Regelungsbereiche und der Umweltmedien untereinander verdeutlicht wird. Zusammenhängend mit dem Thema Bodenschutz ist das der Altlasten. Auch diese Problematik ist der Gesetzgeber angegangen, wenn auch vielmehr durch die Schaffung des BBodSchG als durch flankierende Vorschriften insbesondere im Katalog des § 9 Abs. 1 BauGB. Hier hat eher die Rechtsprechung dazu beigetragen, die Pflichten der Gemeinden im Hinblick auf die Überplanung von altlastenverdächtigen Böden aufzuzeigen.

Auch zum Schutz der Gewässer können die Gemeinden mit Hilfe der Bauleitplanung ihren Beitrag leisten, selbst wenn dieser zumeist auf technische Vorkehrungen abzielt, wie am erläuterten Beispiel des Konzepts einer getrennten Abwasserabführung.

Nicht zuletzt trägt die Rechtsprechung im Hinblick auf das Gebot der gerechten Abwägung gemäß § 1 Abs. 7 BauGB dazu bei, dass die Gemeinden Direktiven für die Abwägungsentscheidungen erhalten und so ihre Ziele besser verfolgen können. Deutlich wird dies in den Entscheidungen darüber, welche Vorschriften als Planungsleitsatz oder sogenanntes Optimierungsgebot eingeordnet werden sollen. Wünschenswert wäre hier insbesondere im Bereich des Immissionsschutzes eine klare Positionierung des 4. und 11.

Senats des Bundesverwaltungsgerichts in Bezug auf die Vorschrift des § 41 Abs. 2 BImSchG. So ist es doch von entscheidender Bedeutung, wenn den Gemeinden aufgezeigt wird, ob es sich dabei um einen Planungsleitsatz und damit um striktes Recht handelt oder aber um ein Optimierungsgebot, welches in der Abwägung überwunden werden kann. Erfreulich ist jedoch insgesamt, dass die Rechtsprechung vielen Rechtssätzen den Genuss eines Optimierungsgebotes zukommen lässt, wie zum Beispiel der Bodenschutzklausel gemäß § 1a Abs. 2 Satz 1 BauGB und dem naturschutzrechtlichen Minimierungsgebot.

All diese Möglichkeiten, die sich allein aus dem Festsetzungskatalog des § 9 Abs. 1 BauGB ergeben, können dazu beitragen, dass (globale) Umweltprobleme wie der Klimawandel, Rückgang der Artenvielfalt oder der Flächenverbrauch bereits im kleinen Stil durch die Gemeinden angegangen und wenn nicht gelöst, so doch abgemildert werden können.

Allein die Politik spielt hierbei eine große Rolle. Denn die Vorgaben des Gesetzgebers können allenfalls die Möglichkeiten darbieten. Was die konkrete Ausgestaltung anbelangt, so liegt dieses immer noch in der Hand der einzelnen Gemeinden. Auch ist festzuhalten, dass die Bauleitplanung nicht das einzige Instrument ist, um dem Umweltschutz Rechnung zu tragen. Hervorzuheben ist aber dennoch, dass die Bauleitplanung eine der wichtigsten Aufgaben der Kommunen ist und deshalb weiterhin eines der wichtigsten Instrumente im Hinblick auf den Umweltschutz bleibt.

Die in der Einleitung erwähnte „Ökologisierung" des BauGB kann auch real in der Bauleitplanung, konkret im vorbereitenden Flächennutzungsplan und später im verbindlichen Bebauungsplan, umgesetzt werden. Die Voraussetzungen hierfür sind alle vorhanden.

Sinnvoll ist es daher insgesamt, dass die Gemeinden all diese Möglichkeiten ausschöpfen und einen Einklang zwischen sozialen, wirtschaftlichen und umweltschützenden Belangen herstellen und damit dem formulierten Prinzip der nachhaltigen Entwicklung gerecht werden.

Fest steht, dass die Bauleitplanung und auch die Belange des Umweltschutzes weiterhin in einem dauerhaften Konflikt stehen werden. Das öffentliche Baurecht ist auch weiterhin als Querschnittsmaterie anzusehen und hat sich mit Vorgaben anderer Gesetzestexte wie dem BImSchG und dem BNatSchG auseinanderzusetzen. Daraus wird abermals deutlich, dass das BauGB nicht „spalten" will, sondern die verschiedenen Belange des Umweltschutzes zusammenführen kann. Dies ist nicht als lediglich vorteilhaft zu werten: Denn es könnte auch zu einer Verwirrung bei der Anwendung verschiedener Rechtsbereiche kommen, was möglicherweise zu negativen Auswirkungen auf die verschiedenen Belange des

Umweltschutzes führen könnte. Dies könnte insbesondere dann der Fall sein, wenn strikte Regelungen durch andere Regelungen des BauGB aufgeweicht werden. Das beste Beispiel hierfür ist die naturschutzrechtliche Eingriffsregelung, die nicht uneingeschränkt im Bereich des BauGB gilt. Andererseits ist im konkreten Beispiel der Belang des Natur- und Landschaftsschutzes nicht stets als über allen anderen Belangen stehend anzusehen, weshalb Einschränkungen vonnöten sind.

Doch die stetigen Novellierungen des BauGB zeigen, dass man diesen Konflikt der verschiedenen Regelungsbereiche angehen und gerechten Lösungen zuführen will. Dabei darf es nicht bei einem Appell des Gesetzgebers bleiben, sondern es müssen konkrete Regelungen geschaffen werden.

Aber auch eine Novellierung der BauNVO aus dem Jahr 1990 ist längst überfällig. Die in ihr enthaltenen Regelungen und das darin festgesetzte Baugebietssystem/Trennungssystem erscheinen nach heutigen Gesichtspunkten immer unmoderner. Das Konzept der Nutzungsdurchmischung und damit die Verbindung von Arbeiten und Wohnen sind zukunftsweisend und sollten daher einen Platz in der BauNVO finden. Plädiert wird in der Literatur aus diesem Grund zu Recht, dass das eben genannte Prinzip festgelegt und ausdrücklich festgesetzt werden sollte. Die Kommunen könnten so „individuellere" Planungskonzepte entwickeln und das starre Trennungssystem der BauNVO aufbrechen.

Insgesamt bleibt nochmals festzuhalten, dass das geltende Bauplanungsrecht Möglichkeiten des Zusammenspiels verschiedener Nutzungen bietet und dem Umweltschutz einen entscheidenden Platz einräumt. Allein an den Kommunen liegt es, diese auszunutzen.

Literaturverzeichnis

Battis,Ulrich / Krautzberger, Michael / Löhr, Rolf-Peter	**Baugesetzbuch, Kommentar** 11. A., München 2009 (zitiert als: Battis/Krautzberger/Löhr-*Bearbeiter*, BauGB)
Battis, Ulrich	**Öffentliches Baurecht und Raumordnungsrecht** 5. A., Stuttgart 2006 (zitiert als: Battis, Baurecht)
Beckmann, Martin	**Die Ausgleichsregelung des § 1a Abs. 3 BauGB** in: Erbguth (Hrsg.), Festschrift für Werner Hoppe zum 70. Geburtstag, München 2000 Seite 531 bis 548 (zitiert als: Beckmann, FS Hoppe)
Bischopink, Olaf	**Immissionsschutz in der Bauleitplanung** in: Baurecht 2006, Seite 1070 bis 1080 (zitiert als: Bischopink, BauR 2006)
Brake, Klaus / Netzbandt, Arno (Hrsg.)	**Ziele und Leitbilder „nachhaltiger Entwicklung" im Hinblick auf die Siedlungsstruktur in Großstädten** in: Brake/Richter, Sustainable Urban Development, Dokumentation zur 1. Projektwerkstatt, Oldenburg 1996 (zitiert als: Brake/Netzbandt)

Brohm, Winfried	**Die naturschutzrechtliche Eingriffs- und Ausgleichsregelung im Bauleitplanungsrecht** in: Erbguth (Hrsg.), Festschrift für Werner Hoppe zum 70. Geburtstag, München 2000 Seite 511 bis 529 (zitiert als: Brohm, FS Hoppe)
Brügelmann, Hermann	**Baugesetzbuch: Kommentar Band 2** 75. Lieferung, Stuttgart Oktober 2010 (zitiert als: Brügelmann-*Bearbeiter*, BauGB)
Engel, Rüdiger	**Aktuelle Fragen des Lärmschutzes: Lärmaktionsplanung** in: Neue Zeitschrift für Verwaltungsrecht 2010, Seite 1191 bis 1199 (zitiert als: Engel, NVwZ 2010)
Ernst, Werner-Zinkahn / Bielenberg, Walter	**Baugesetzbuch Kommentar** 95. Ergänzungslieferung, München 2010 (zitiert als: Ernst/Bielenberg-*Bearbeiter*, BauGB)
Europäisches Umweltbüro (Hrsg.)	**Handbuch zur EU Wasserpolitik im Zeichen der Wasser-Rahmenrichtlinie** Brüssel 2000 (zitiert als: Handbuch zur EU Wasserpolitik)
Fickert, Hans Carl / Fieseler, Herbert	**Baunutzungsverordnung Kommentar** 11. A., Stuttgart 2008 (zitiert als: Fickert/Fieseler, BauNVO)

Jarass, Hans	**Bundesimmissionsschutzgesetz Kommentar**
	8. A., München 2010
	(zitiert als: Jarass, BImSchG)
Koch, Hans-Joachim / Hendler, Reinhard	**Baurecht, Raumordnungs- und Landesplanungsrecht**
	5. A., Stuttgart 2009
	(zitiert als: Koch/Hendler, Baurecht)
Koch, Hans-Joachim (Hrsg.)	**Umweltrecht**
	2. A., Köln 2007
	(zitiert als: Koch-*Bearbeiter*, Umweltrecht)
ders.	**Der Schutz der Umwelt in der Rechtsprechung zum Bauplanungsrecht**
	in: Die Verwaltung 1998, Seite 505 bis 542
	(zitiert als: Koch, Die Verwaltung 1998)
ders.	**Der „städtebauliche Grund" (§ 9 Abs. 1 Baugesetzbuch) als Schranke planerischer Gestaltungsfreiheit**
	in: Die Verwaltung 2004, Seite 539 bis 455
	(zitiert als: Koch, Die Verwaltung 2004)
ders.	**Immissionsschutz in der Bauleitplanung**
	in: Erbguth (Hrsg.), Festschrift für Werner Hoppe zum 70. Geburtstag, München 2000
	Seite 549 bis 566
	(zitiert als: Koch, FS Hoppe)

ders. /	**Bodenschutz und Altlasten in der Bauleitplanung**
Schütte, Peter	in: Deutsches Verwaltungsblatt 1997, Seite 1415 bis 1421
	(zitiert als: Koch/Schütte, DVBl. 1997)
Kraft, Ingo	Aktuelle Fragen immissionsschutzrechtlicher Festsetzungen
	In: Deutsches Verwaltungsblatt 1998, Seite 1048 bis 1058
	(zitiert als: Kraft, DVBl. 1998)
Krautzberger, Michael	**Naturschutzrechtliche Eingriffsregelung und Städtebaurecht**
	in: Natur und Recht 1998, Seite 455 bis 459
	(zitiert als: Krautzberger, NuR 1998)
Kuschnerus, Ulrich	**Die Belange von Natur und Landschaft in der Abwägung nach § 1 Abs. 6 BauGB**
	in: Baurecht 1998, Seite 1 bis 14
	(Kuschnerus, BauR 1998)
Losch, Siegfried	**Novellierte Baunutzungsverordnung 1990 – ein wirksamer Beitrag zum Umwelt- und Bodenschutz?**
	in: Zeitschrift für angewandte Umweltforschung 1992, Seite 257 bis 265
	(zitiert als: Losch, ZAU 1992)
Louis, Hans Walter /	**Naturschutz und Baurecht**
Wolf, Verena	in: Natur und Recht 2002, Seite 455 bis 467
	(zitiert als: Louis/Wolf, NuR 2002)

Louis, Hans Walter / Wolf, Verena	**Bodenschutz in der Bauleitplanung**
	in: Natur und Recht 2002, Seite 61 bis 72
	(zitiert als: Louis/Wolf, NuR 2002)
Lübbe-Wolff, Gertrude / Wegener, Bernhard	**Umweltschutz durch kommunales Satzungsrecht**
	3. A., Berlin 2002
	(zitiert als: Lübbe-Wolff/Wegener)
Mayen, Thomas	**Die Festsetzung von Lärmgrenzwerten in Bebauungsplänen**
	in: Neue Zeitschrift für Verwaltungsrecht 1991, Seite 842 bis 845
	(zitiert als: Mayen, NVwZ 1991)
Mitschang, Stephan	**Der Planungsgrundsatz der Nachhaltigkeit**
	in: Die öffentliche Verwaltung 2000, Seite 14 bis 21
	(zitiert als: Mischang, DÖV 2000)
Otto, Franz	**Die Verpflichtung zum Schutz des Bodens nach dem Baugesetzbuch**
	in: Neue Zeitschrift für Verwaltungsrecht 2000, Seite 47 bis 50
	(zitiert als: Otto, NVwZ 2000)
Paetow, Stefan	**Lärmschutz in der aktuellen höchstrichterlichen Rechtsprechung**
	in: Neue Zeitschrift für Verwaltungsrecht 2010, Seite 1184 bis 1190
	(zitiert als: Paetow, NVwZ 2010)

Peine, Franz-Josef

Öffentliches Baurecht

4. A., Tübingen 2003

(zitiert als: Peine, Baurecht)

Sendler, Horst

Die Bedeutung des Abwägungsgebotes in § 1 Abs. 6 BauGB für die Berücksichtigung der Belange des Umweltschutzes in der Bauleitplanung

in: Umwelt- und Planungsrecht 1995, Seite 41 bis 49

(zitiert als: Sendler, UPR 1995, 41)

Schink, Alexander

Straßenverkehrslärm in der Bauleitplanung

in: Neue Zeitschrift für Verwaltungsrecht 2003, Seite 1041 bis 1047

(zitiert als: Schink, NVwZ 2003)

Schmidt, Alexander

Klimaschutz in der Bauleitplanung nach dem BauGB 2004

in: Neue Zeitschrift für Verwaltungsrecht 2006, Seite 1354 bis 1361

(zitiert als: Schmidt, NVwZ 2006)

Schwier, Volker

Handbuch der Bebauungsplan-Festsetzungen

München 2002

(zitiert als: Schwier, Handbuch Bebauungsplan)

Spannowsky, Willy

Hofmeister, Andreas (Hrsg.)

Umweltrechtliche Einflüsse in der städtebaulichen Planung

Berlin 2009

(zitiert als: Spannowsky/Hofmeister)

Stich, Rudolf

Der gegenwärtige Stand der Anforderungen des Umweltschutzes an die gemeindliche Bauleitplanung

in: Wirtschaft und Verwaltung 2002, Seite 65 bis 140

(zitiert als: Stich, WiVerw 2002)

ders.

Rechtsfragen des sog. Ökokontos bzw. die Vorrats-Ausgleichsmaßnahmen von Gemeinden und bauwilligen Privatunternehmen

in: Umwelt- und Planungsrecht 2000, Seite 321 bis 327

(zitiert als: Stich, UPR 2000)

Stüer, Bernhard

Der Bebauungsplan

4.A., München 2009

(zitiert als: Stüer, Bebauungsplan)

ders.

Bau- und Fachplanungsrecht

4. A., München 2009

(zitiert als: Stüer, Bau- und Fachplanungsrecht)

Tegeder, Klaus

Geräuschimmissionsschutz in der Bauleitplanung

in: Umwelt- und Planungsrecht 1995, Seite 210 bis 215

(zitiert als: Tegeder, UPR 1995)

Uechtritz, Michael

Bewertung von Lärm in der Bauleitplanung

in: Erbguth (Hrsg.), Festschrift für Werner Hoppe zum 70. Geburtstag, München 2000

Seite 567 bis 588

(zitiert als: Uechtritz, FS Hoppe)

Umweltbundesamt (Hrsg.) **Climate Change (Deutsche Kurzfassung)**

Dessau-Roßlau 2009

(zitiert als: UBA, Climate Change)

ders. **Nachhaltiges regionales Flächenressourcenmanagement am Beispiel von Brachflächen der Deutschen Bahn AG – Integration von Flächen in den Wirtschaftskreislauf**

Dessau-Roßlau 2010

(zitiert als: UBA, Flächenressourcenmanagement)

von Oppen, Margarete **Rechtliche Aspekte der Entwicklung von Photovoltaikprojekten**

in: Zeitschrift für Umweltrecht 2010, Seite 295 bis 303

(zitiert als: von Oppen, ZUR 2010)

Ziekow, Jan **Immissionsschutzrechtliche Aspekte in der Bauleitplanung**

in: Bayrische Verwaltungsblätter 2000, Seite 325 bis 355

(zitiert als: Zickow, BayVBl. 2000)

Autorenprofil

Lavinia Jürs wurde 1981 in Hamburg geboren. Nach dem Studium der Rechtswissenschaften in Hamburg und dem Referendariat in Schleswig-Holstein, Hamburg und Niedersachsen ist die Autorin seit dem Jahr 2009 als Rechtsanwältin zugelassen. Zudem erfüllt sie einen Lehrauftrag in der rechtswissenschaftlichen Fakultät der Universität Hamburg. Bereits während des Studiums konzentrierte sich die Autorin auf den Schwerpunkt Umwelt- und Planungsrecht. Auch für den Erwerb des akademischen Grads „Master of Laws" im Jahr 2011 widmete sie sich schwerpunktmäßig dem Öffentlichen Recht.